Vanessa Bousquet

Le coaching comme moyen de prévention des addictions

Vanessa Bousquet

Le coaching comme moyen de prévention des addictions

Éditions Vie

Imprint
Any brand names and product names mentioned in this book are subject to trademark, brand or patent protection and are trademarks or registered trademarks of their respective holders. The use of brand names, product names, common names, trade names, product descriptions etc. even without a particular marking in this work is in no way to be construed to mean that such names may be regarded as unrestricted in respect of trademark and brand protection legislation and could thus be used by anyone.

Cover image: www.ingimage.com

Publisher:
Éditions Vie
is a trademark of
International Book Market Service Ltd., member of OmniScriptum Publishing Group
17 Meldrum Street, Beau Bassin 71504, Mauritius

Printed at: see last page
ISBN: 978-613-9-58895-4

Remerciements

Je veux remercier en premier lieu mon superviseur pour ses conseils précieux, et sa disponibilité. Je le remercie également d'avoir accepté d'évaluer cet ouvrage avant la remise de sa version définitive.

Un remerciement tout particulier à Audrey,infirmière diplômée d'Etat spécialisée en Addictologie qui a accepté de me livrer son expérienceen répondant à mes questions pendant de longues heures et qui m'a autorisé à illustrer ce mémoire avec le fruit de ce travail.

Merci également à ma chère famillepour son soutien et ses encouragements si précieux dans cette démarche personnelle et professionnelle.

Table des matières

ANPAA : Association Nationale de Prévention en Alcoologie et Addictologie

CSAPA : Centre de Soin, d'Accompagnement et de Prévention en Addictologie

DASC : Décision Apparemment Sans Conséquences

DESC : Diplôme d'études spécialisées complémentaires

DSM : Diagnostic and Statistical Manual

EFT :Emotional Freedom Techniques

ISRS : Inhibiteurs sélectifs de la recapture de la sérotonine

NIDA :National Institute of Drug Abuse

OMS : Organisation mondiale de la santé

SHR : Situation à Haut Risque

SOBER : S – STOP / O – OBSERVER / B – BASER / E – ÉLARGIR / R – RÉFLÉCHIR AVANT D'AGIR

UA : Unité d'Addictologie

Soixante-quinze à quatre-vingtpour cent des personnes ayant suivi un traitement pour les conduites addictives rechutent dans les quatre-vingt-dix jours après leurs traitements. Recommander un coaching suite à une thérapie enaddictologie peut aider à réduire ce taux de rechute.

Les conduites addictives sous des formes différentes et bien connues pour la plupart, sont devenues un enjeu de santé majeur en termes de prévention et de soins. Les addictions concernent des substances légales ; comme l'alcool, le tabac ; des produits illicites ; comme le cannabis, la cocaïne ; et des comportements face aux jeux de hasard et d'argent, les activités sexuelles en ligne, l'usage des écrans, les jeux vidéo etc. Un regroupement des pratiques, des moyens et des lieux de soins s'est opéré autour de l'addiction elle-même .Aujourd'hui, l'addictologie s'est constituéeen discipline nouvelle.

Gordon Alan Marlatt, psychologue clinicien américainconnu pour ses recherches et ses ouvrages sur la prévention et le traitement des addictions ; dit en 1985 ,je cite ; que « la rechute est la règle et non pas l'exception » . Malheureusement, cette affirmation reste encore vraie aujourd'hui. En effet, le traitement des addictions par les protocolesthérapeutiques traditionnels appliqués à cejour ont leurs limites. Aussi, l'apparition des nouvelles addictions , poussent les thérapeutes à ouvrir cette base traditionnelle de traitement à des méthodes qui sont pour l'instant moins éprouvées dans le temps. Il devient la règle à présent de traiter l'addiction dans une approche médico-psycho-sociale qui répond à une conception multifactorielle du trouble.

A cette approche pluridisciplinaire du traitement de l'addiction, il faudrait considérer que les personnes sortant d'une thérapie plus ou moins lourde, ont besoin de se reconstruire, et cela prend du temp ; les thérapies actuelles restant souvent brèves . En effet, ces personnes ont des besoins qui seront plus ou moins comblés en fonction des circonstances de la vie.Ceci pour souligner que la rechute est un processus complexe et non linéaire . L'impact d'une meilleure prévention du taux de rechute par des disciplines nouvelles, tel que le coaching centré sur la personne ; même si cette piste reste encore insuffisamment exploitée ; peut être un moyen offrant la possibilité à des personnes de prolonger l'état d'abstinence et d'adopter un nouveau comportement sain . La méthodologie à adapter au coaching seradumodèle transthéorique des changements de comportements de Prochaska et DiClemente qui utilise les « étapes du changement » pour appuyer l'engagement et la motivation d'un individu à changer de comportement.

Aussi,la notion d'addiction est en pleine mutation. En effet, dans une société de plus en plus addictogène, on voit s'élargir, se multiplier de nouveaux domaines d'addictions.

La prévention en amont de l'installation d'une addiction est alors primordiale chez un individu. Chez la plupart des individus, c'est à l'adolescence que les addictions naissent généralement. C'est donc dès l'école que la prévention des comportements à risque doit commencer .En effet , l'adolescence constitue la période privilégiée d'expérimentation de la consommation de substances ou de comportements à risque ; jeux, accès aux sites pornographique sur internet, jeux d'argent en ligne etc…Au cours des dernières années , les consommations d'alcool, de tabac, de cannabis sont en augmentation dans les pays industrialisés et malheureusement, ces comportements nocifs démarrent à un âge de plus en plus précoce.

Il y'a donc un risque réel pour l'adolescent ou le jeune adulte d'entrer dans une spirale infernale. L'accompagnement par un coach suite au repérage précoce d'un comportement à risque a toute sa place . En effet cela peut contribuer à prévenir une conduite addictive et réduire le risque de problèmes de santé ou le risquede rencontrer des difficultés d'insertion professionnelle.

Il est très difficile de trouver des articles ou des ouvrages traitant à la fois de coaching et d'addiction. Mon mémoire est donc basé sur la lecture de manuels de coaching, d'ouvrages traitantsdes différents types d'addictions, d'un retour d'expérience d'une infirmière spécialisée en addictologie (que je vais appeler Mme A), et de réflexion personnelle.

1. Définitions et rappels

1.1 Addiction

Le mot « Addiction » tire son origine du latin qui signifiait « être lié ou rendu esclave par quelque chose, sans qu'il ne s'agisse forcément de substances (Maddux et Desmond,2000). Ce terme a ensuite été associé à des modes de consommations d'alcool et de drogues excessifs et délétères.Dans les années 1980 et jusqu'en 1994, les addictions aux substances partageaient alors les caractéristiques communes , sans grande différenciation des risques et des dommages des addictions non liées à des substances.

C'est en 1990,que le psychiatre Goodman propose une définition globale des dépendances :

Il s'agit d'« *Un processus par lequel un comportement, qui peut fonctionner à la fois pour produire du plaisir et pour soulager un malaise intérieur, est utilisé sous un mode caractérisé par l'échec répété dans le contrôle de ce comportement et la persistance de ce comportement en dépit des conséquences négatives significatives.* ».

On distingue ainsi de cette définition les caractéristiques principales suivantes :

- L'impossibilité de résister au comportement,
- L'accroissement de la tension avant la réalisation du comportement,
- Le plaisir ou le soulagement ressenti durant le passage à l'acte
- La perte de contrôle pendant le comportement.
- La présence d'au moins cinq des neufs critères suivants :
    - La focalisation de la pensée sur le comportement addictif

- L'intensité et la durée du comportement plus importants que souhaités au départ.

- Les tentatives et efforts répétés pour contrôler le comportement

- Le temps considérable consacré à réaliser le comportement

- Fréquence de survenue du comportement lors de l'accomplissement des obligations professionnelles, familiales, scolaires, universitaires ou sociales.

- La perpétuation du comportement malgré la connaissance des dommages associés (d'ordre social, financier, psychologique ou physique).

- L'impact négatif sur les activités sociales, familiales et professionnelles

- L'agressivité ou irritabilité si la réalisation n'est pas possible.

- Le besoin d'augmenter l'intensité ou la fréquence pour obtenir l'effet désiré

En dépit des ressemblances existantes entre les addictions aux substances et aux addictions sans substances, le jeu pathologique fut dans un premier temps classé dans les Manuels diagnostique des troubles mentaux comme un trouble du contrôle des impulsions « non spécifiés », distinct des troubles de l'usage d'une substance.

Ce n'est qu'avec le travail des experts travaillant pour la préparation du DSM-V, que furent élaborées les meilleures classifications du jeu d'argent pathologique et des autres troubles du comportement. Ainsi, la reclassification du jeu d'argent pathologique comme addiction comportementale est venue créer une précédence pour le besoin de recherches et la reconnaissance d'autres addictions comportementales.

Les addictions , peuvent être divisées en deux grandes catégories . Voici ci-dessous une liste non exhaustive des principales :

- Addictions liées à une substance :
  - Alcool
  - Tabac
  - Drogues
  - Médicaments
  - Autres substances…

- Addictions comportementales (c'est-à-dire les addictions non liées à une substance) :
  - Addictions à Internet
  - Addiction aux jeux vidéo, la cyberdépendance
  - Addiction aux technologies numériques (même en voiture)
  - Addiction sexuelle
  - Addiction à la relation/vie amoureuse
  - Les achats compulsifs
  - Le travail pathologique
  - Troubles de l'alimentation

2. Contexte d'exercice des professionnels du coaching

Les professionnels du coaching, peuvent être confrontés à des difficultés de compétences quant au repérage précoce (dépistage) et au diagnostic de comportements d'addictions comportementales ; comme l'addiction aux jeux de hasard ; ou d'addiction aux substances psychoactives, notamment de l'alcool. En effet, les motifs de consultations portent rarement sur le sujet, ceci du fait que le coaching n'est pas une thérapie. Ce motif de consultation est bien souvent laissé aux professionnels de la santé.

De même, en France, il est encore aujourd'hui très rare pour les professionnels du coaching d'être sollicité par un client souhaitant être coaché suite à une thérapie en unité d'addictologie.

En plus des professionnels de santé formés et reconnus par l'OMS comme compétents en addictologie, on voit néanmoins une émergence conséquente de nouveaux praticiens en la matière ; des hypnothérapeutes, des réflexologues, des sophrologues pour n'en citer que quelques-uns, qui affirment pouvoir « éliminer » et ce parfois en un temps record le comportement addictif.

Le coaching étant, de par sa nature une science « du changement de comportement »,je me suis naturellement posé la question de savoir si , cette discipline pouvait avoir sa place dans :

- La prévention du taux de rechute du coaché à la suite d'une thérapie en Unité d'Addictologie (UA) ?

- En amont du comportement addictif ?

3. Analyse duprotocole des traitements éprouvés des addictions appliqué en Unité d'addictologie : partage d'expérience d'une infirmière

Dans le cadre du mémoire, Mme A, infirmière diplômée d'Etat et possédant un Diplôme Universitaire en Addictologie a bien voulu répondre de façon détaillée à mes questions sur son retour d'expérience sur les thérapies appliquées en Unité d'Addictologie (UA). Mme Aa travaillé 3 annéesen Unité d'addictologied'un centre hospitalier.Elle a été responsable de la mise en place d'un groupe de parole ausein du service .

La totalité de l'interview peut être consulté en annexe 1 .

Q1 :C'est quoi une addiction pour vous ?

R1 : Dans l'unité d'addictologie nous avons retenu cette définition de Goodman (1990) : « C'est l'impossibilité répétée de contrôler un comportement et la poursuite de celui-ci en dépit de la connaissance de ses conséquences négatives. »...

Le résumé de notre expérience en unité d'addictologie c'est :

Addiction = Trouble de la rechute

Q2 : Combien voyez-vous de patients dans une année ?

R2 : Nous avons une moyenne de 1206 patients par infirmière et par an. Dans notre centre, nous sommes 3 infirmières spécialisées en addictologie.

Q3 : Quel est environ leratio entre les patients traités pour des addictions aux substances vs les patients traités pour des addictions comportementales

R3 : Le ratio était de l'ordre de 99% de patients pour les addictions aux substances et 1% de patients aux addictions comportementales.

3.1 Approche pluridisciplinaire

Q9 :Dequi est composée l'équipe de soins en unité d'addictologie ?

R9 : L'unité était composée :

D'un médecin référent : Pneumologue/Addictologue/Tabacologue

D'un médecin : Tabacologue, Acupuncteur

De trois infirmières : diplômées d'Addictologie

D'une Assistante sociale : diplômée d'Addictologie

D'une psychologue clinicienne : diplômée d'Addictologie

Parfois il y avait des interventions externes (art thérapeutes, membres de l'association « Vie Libre »)

Qu'est ce qui justifiait une telle équipe pluridisciplinaire ?

R : Il faut savoir que les patients avaient généralement un «terrain » psychologique favorable àl'addiction . Lesconduites addictives ,sont souvent associées à des troubles psychiatriques. Sans le traitement de ces troublespsychiatriques, il y'aura toujours une rechute.

En effet, d'après une synthèse de M.Lejoyeux et H.Embouazza , recueillis dans le « mini traitéd'addictologie », les conduites addictives sont souvent associées à des troubles psychiatriques.

Globalement, le traitement de l'addiction s'inscrit dans une approche médico-psycho-sociale qui répond à une conception multifactorielle du trouble. Cette équipe pluridisciplinaire, en place dans les unités d'addictologie, va permettre de traiter les problèmes accumulés dans différents domaines, en lien direct avec le comportement addictif. Il faut donc les interventions des médecins addictologues, des psychologues et des travailleurs sociaux et autres professionnels spécialisés .

3.2 Les Thérapies Cognitivo- Comportementales (TCC)

Q10 : Comment étaient suivis les patients ?

R10 : (…) Le médecin prescrivait des médicaments adaptés au type d'addiction

La psychologue déroulait La méthode des Techniques Cognitivo Comportementales (TCC) en 8 étapes

Les infirmières étaient responsables d'un groupe de parole une fois la méthode TCC terminée

Les Techniques Cognitivo-comportementales (CC) sont parmi les thérapies les plus dispensées aux Etats Unis et dans le monde depuis leur émergence dans les années 1960-1970 avec Albert Ellis. Ces thérapies ont été introduites en France par Jean Cottraux, psychothérapeute français qui s'est formé aux TCC aux Etats Unis durant les années 1970.

Les thérapies Cognitivo-Comportementales ont d'abord été éprouvées et utilisées dans le cadre des addictions aux substances et ont été adaptées pour le traitement des addictions sans substances.

Il s'agit d'une thérapie brève qui s'appuie sur l'objectivité scientifique et l'efficacité. Elles sont la réconciliation de deux approches ; l'une psychologique et l'autre thérapeutique.

Les TCC combinent les trois composantes du fonctionnement d'un être humain ; ses pensées,ses émotions et ses comportements.

Albert Ellis est parti du principe que les problèmes rencontrés par les personnes sont le résultat de pensées et de comportements « irrationnels ».Il s'agit alors à la fois de travailler sur les pensées et de chercher à adopter les comportements qui viennent confirmer la nouvelle façon de penser.Les TCC se basent aussi sur le principe fondamental que les personnes ne peuvent pas changer leur façon de penser tant que leur comportement reste le même.

Les TCC s'opposent ainsi volontairement à la psychanalyse car :

- Il n'y a aucune exploration de l'inconscient au sens psychanalytique du terme
- Il s'agit d'un travail sur l'ici et maintenant
- Elles responsabilisent le client

3.3 Groupe de parole thérapeutique

Q11 : que mettiez-vous en place comme prévention de la rechutesuite à cette Thérapie Cognitivo-Comportementale ?

R11 : Nous avons mis en place des Groupes de parole ainsi que des exercices de « pleine conscience » que les patients devaient pratiquer de façon quotidienne . Chaque jour, hors du centre, ils devaient noter leur pratique de pleine conscience, ainsi que les obstacles s'il y en avait, leurs observations ou leurs commentaires. Ils nous faisaient part de leurs exercices à nos ateliers hebdomadaires.

D'après une synthèse de M.Lejoyeux et H.Embouazza , recueillis dans le « mini traité d'addictologie »,les groupes de parolethérapeutique font partie intégrante dela prise en charge individuelle. Le groupe renforce le travail individuel et la motivation au changement . Le groupe de parole en addictologie permet l'entraide et le soutien mutuel des patients. Les patients apprécient fortement et disent qu'il est important de se sentir enfin compris par despairs dans leur souffrance spécifique qu'est l'addiction . Parler de soi devant d'autres personnes compréhensives et bienveillantes et qui ne jugent pas aide à lever la honte et permet de gagner en confiance en soi. Le patient dépendant s'identifie aux patients stabilisés. Il se « décentre » de son problème. Il réfléchit même aux difficultés des autres patients et peut leur proposer des stratégies. Les petites victoires sont collectivement valorisées et encouragées. L'animation du groupe de soin se fait alors par des thérapeutes professionnels qui proposent des thématiques d'échanges.

3.4 Pratique de la méthode de la pleineconscience

Q12 : C'est quoi la pleine conscience ?

R12 : La pleine conscience signifie « porter son attention de manière particulière, soit intentionnellement, au moment présent et sans porter de jugement. »d'après Kabat-Zinn (2011)

La pleine conscience c'est…

→Porter son attention de façon pleinement consciente (porter attention aux sensations, pensées, envies, et émotions impliquées)

→Avoir une attitude de curiosité et d'ouverture

→Avoir une attitude bienveillante, compatissante et sans jugement envers sa propre expérience

Q13 : Dans quel but ?

R13 : cette méthode permet au patient

→De ralentir et observer où il se trouve et ce qui se passe dans son esprit

→De porter de l'attention à ce qui est en train de se passer sur le moment

Et ceci pour favoriser des choix plus adaptés.

En résumé la thérapie de la pleine conscience encore appelée « mindfulness » a été développée dans les années 1990.

Les thérapies de la pleine conscience , tout comme les TCC ont pour objectif d'agir sur le comportement problème ou les symptômes. Dans les thérapies de la pleine conscience, il s'agit pour le patient de prendre de la distance envers ses pensées, ses émotions négatives et non plus de les modifier.

L'efficacité de cette nouvelle forme de thérapie a été démontrée pour de nombreux troubles du comportement. Plusieurs recherches ont démontré l'efficacité de cette thérapie .Toneatto et al. en2014 ont montré que huit semaines d'intervention de mindfulness associée à une TCC ont significativement amélioré les symptômes de jeu pathologique et que cette amélioration se maintenait durant trois mois.

3.5 Prévention de la rechute de l'addiction

Q14 :En quoi consistaient vos ateliers de prévention du risque de rechute ?

R14 : Il s'agissait de 9 ateliers d'une durée d'environ 2H. Il y'en avait un par semaine. Les groupes étaient composés de 10 personnes au maximum. Pendant ces ateliers, il était capital qu'il y ait une vraie collaboration entre patients et thérapeutes (...)

Q17 : Les patients repartaient ils guéris ?

R17 : Non...jamais...je n'ai jamais vu ça en 3 ans , d'où le côté frustrant de notre métier . En effet :

→ Pour ceux qui venaient suite à une décision de justice : dès que le nombre de séances avec le médecin/psychologue/groupe de parole était atteint , il ne faisaient plus l'effort de venir ;

→Pour ceux qui venaient d'eux -mêmes ,ils arrêtaient dès qu'ils avaient un semblant de mieux dans leur vie de couple ou au travail...mais ils rechutaient bien souvent

→Seuls allaient mieux ceux qui, suite à l'alerte d'un problème de santé très grave arrêtaient leur addiction.

Généralement le taux de rechute est de 75 % chez les patients.

Q18 : Et que faisiez-vous pour ceux qui rechutaient et qui revenaient?

R18 : On suivait le même protocole encore et encore

Q19 : Qu'en était-il des addictions comportementales ?

R19 : C'était différent, il s'agissait surtout de personnes qui venaient d'elle mêmes , celles- là ne guérissaient pas , elles « tentaient d'aller mieux » mais...en même temps , nous considérions à l'époque que ces patients-là étaient moins à risque que les patients addicts aux substances...et c'était un mauvais jugement car les addictions aux jeux et même au sexe pouvaient créer des risques suicidaires . Je me rappelle de certains addicts aux jeux vidéo qui n'ouvraient plus les volets, ne se levaient pas ,même paspour aller aux toilettes...ils pissaient dans des bouteilles d'eau pour ne pasavoir à quitter l'écran une minute...

Q20 : Et que faisaient les patients après leur thérapie ?

R20 : Rien , du moins d'après leurs retours , ils continuaient leur vie et attendaient la prochaine rechute,ils ne croyaient franchement pas au changement de leur comportement sur du long terme.

Depuis cet entretien Mme Aa passé le concours d'infirmière scolaire. Son profil et son expérience en unité d'addictologie est très apprécié.En effet , deplus en plus d'établissements sont intéressés par les infirmièresayant une formation complémentaire enaddiction , ceci afinde détecter au plus tôt les addictions chez les plus jeunes (addiction aux écrans , jeux vidéo en ligne).

4. Le coaching comme moyen de prévention de la rechute

4.1 Pistes de réflexion sur les zones de travail du coach

En pratique ,bien que les méthodes énoncées aient pu montrer leur efficacité, le taux de patients « guéris » et ayant changé de comportement sur le long terme reste encore trop faible, le taux de rechute s'élevant à 75% des cas. Nous revenons encore et toujours sur le « qu'en sera-t-il après l'unité de soins? ».

Comment créer une motivation au changement plus durable ?

Il est fort probable que le coaching de l'addiction ait ici une vraie valeur ajoutée.

Est-ce que le vieil adage « Il faut battre le fer tant qu'il est encore chaud » aurait tout son sens dans le cadre d'une prévention de la rechute par le coaching à la suite d'une psychothérapie en Unité d'Addictologie ?

4.2 Présentation générale

Comment utiliser le coaching comme catalyseur de changement, de transition.

Dans la logique de sens,un traitement « passé-présent » avec un psychologue, complété de l'approche « présent-futur » du coach devraient minimiser le risque de rechute.

En effet ,les patients, une fois leurs thérapies terminées, se retrouvent souvent seuls face à eux mêmes. Proposer, et non imposer,quelques séances avec un coach, permettra à l'individu de choisir d'être acteur de son changement. L'individu doit vouloir être coaché.Là est toute la différence avec les unités de soins. Avec le coach on ne parle plus de « maladie » ou de « guérison », on parlera de « volonté de transition, de changement de comportement».

Le coaching devrait provoquer chez le client, un changement radical dans la perception qu'il a de lui-même , de son entourage et des situations rencontrées.

Le coach devra accompagner le client dans son désir de reconstruction et de changement de comportement, afin de réduire le risque de rechute. Le coach devra accompagner le client dans la construction solide de nouveaux repères et réflexes auxquels il pourra se référer au quotidien , et dans les moments où il se sent fragilisé ou stressé.

Le coach accompagnera le client le plus rapidement et le plus efficacement possible à sortir d'un mode « problème » qui nécessitait un accompagnement et traitement « médical » en site hospitalier.En effet , le client a été longtemps sollicité à se pencher sur ses dysfonctionnements, le coach devra donc l'aider à déployer son potentiel, et à faire appel à toutes ses ressources. Le client doit à nouveau se sentir libre de créer la vie qu'il veut vivre.

Le coach, par son approche systémique saura accompagner le client à générer un nouveau comportement qui entrainera simultanément des bénéfices autant matériels qu'humains. Il aidera le client à devenir autonome dans l'atteinte de son objectif.

Le coaching adapté commemoyen d'accompagnement à la prévention de la rechute peut apporter les bénéfices suivants (liste non exhaustive) :

- Mieux gérer une situation qui est source de stress
- Mieux gérer les conflits
- Mieux appréhender et accepter le changement
- Mieux identifier les résistances et blocages pour mieux les contourner et adopter le bon comportement
- Avoir une vision plus objective (« vision méta ») et savoir prendre de la hauteur afin de minimiser les pensées polluantes
- Améliorer et faciliter la communication
- Mieux se connaître (travail sur les valeurs, les besoins, les points forts)
- Améliorer les relations sociales
- Avoir une meilleure confiance en soi
- Avoir plus d'assurance
- Améliorer la projection de sa vie souhaitée
- Améliorer la capacité de réaction rapide et adaptée face à une situation donnée
- Améliorer la remise en question pour se poser les bonnes questions
- Mieux rebondir suite à un échec
- Devenir plus autonome
- Mieux renforcer la motivation pour un changement de comportement
- Mieux gérer les moments d'ennui ; ou de solitude
- Mieux renforcer la dynamique de l'action
- Mieux classer les priorités et mieux gérer son temps

Le coaching devrait ainsi apporter une nouvelle compréhension de sa situation.Cette prise de conscience permettra au client demieux analyser et comprendre le sens de chaque situation. Ce cheminement lui permettra de se libérer de comportements nocifs (en rapport avec l'addiction)et ainsi d'adopter un nouveau comportement pérenne.

4.3 Recommandation du coaching comme moyen de prévention de la rechuteà la suite d'une thérapie

À la suite d'une thérapie en Unité d'addictologie , un coach pourrait être recommandé aux patients. En effet, lors de l'entretien avec Mme A sur le déroulement des traitements en unité d'addictologie, il est ressorti le point suivant :

Q17 : Les patients repartaient- ils guéris ?

R17 : Non…jamais…je n'ai jamais vu ça en 3 ans , d'où le côté frustrant de notre métier . En effet :

→ Pour ceux qui venaient suite à une décision de justice : dès que le nombre de séances avec le médecin/psychologue/groupe de parole était atteint , ils ne faisaient plus l'effort de venir ;

→Pour ceux qui venaient d'eux- mêmes ,ils arrêtaient dès qu'ils avaient un semblant de mieux dans leur vie de couple ou au travail…mais ils rechutaient bien souvent

→Seuls allaient mieux ceux qui avaient suivi une thérapie suite à l'alerte d'un problème de santé très grave.

Généralement le taux de rechute est de 75 % chez les patients.

Le protocole de recommandation pourrait être le suivant :

- Suite aux Ateliers de parole, les infirmières pourraient proposer aux patients de compléter leur psychothérapie par un coaching individuel hors du centre afin de renforcer le comportement d'abstinence , et de minimiser le risque de rechute et donc de favoriser la sortie permanente du patient.

- Les infirmières expliqueraient brièvement ce qu'est le coaching au début des Ateliers (le coach pourrait former au préalable les infirmières au discours à tenir pour présenter ce qu'est le coaching).

- Les infirmières préciseraient que le coaching n'est pas obligatoire mais qu'il s'agitd'un moyen d'accompagnement par un professionnel dans la construction d'un nouvel objectif de vie, d'un nouveau comportement.

- Les infirmières expliqueraient que le coaching ne pourrait être efficace que si le coaché accepte d'être coaché, et accepte d'être proactif.

- A la différence des soins apportés à l'Unité d'Addictologie, le coaching n'est pas obligatoire et doit émaner de la volonté seule de la personne souhaitant bénéficier de cet accompagnement.

- On parlera d'une collaboration coach/coaché et non pas de thérapeute/patient.

- On précisera que le coach n'est pas un thérapeute.

- Les séances de coaching seraientrecommandées aux adultes et adolescents sans qu'il ne s'agisse de prescription. Le contrat sera bipartite ou tripartite ; dans le cas par exemple d'un parent qui souhaiterait que son adolescent se fasse coacher .

Ainsi, un individu qui souhaiterait se faire accompagner par un coach à la suite d'une thérapie entrerait dans lecas de figure suivant :

4.4 Protocole possible d'accompagnement par du coaching dans le cadre de la consommation déclarée en prévention de la rechute

Dans ce cas de figure:

- Le client a bien compris la démarche d'un coaching et accepte l'alliance coach/coaché qui favorise la confiance et les échanges avec un professionnel bienveillant et empathique.

- L'entretien s'appuie sur « l'entretien motivationnel », fondé sur une écoute réflective et une attitude empathique du coach qui visent à conforter le patient dans son désir de changement, à renforcer sa motivation tout en respectant ses choix et son ambivalence.

- Un bon travail sur le changement de comportement du client devrait court-circuiter l'intérêt de consommation de ce dernier ; en effet ; il pourrait alors réaliser qu'il ne lui ait pas/plus nécessaire de sombrer vers un comportement addictif.

Le coaché peut choisir un ou plusieurs objectifs adaptés à sa situation personnelle :

- Se sentir mieux ;
- Rester en bonne santé ;
- Rester en bons termes avec ses proches ;
- Faire des économies ;
- Avoir un enfant ;
- Réduire la consommation d'un produit ;
- Mieux dormir ;
- Savoir contrôler ses colères
- Assumer ses choix et ses responsabilités
- Ne plus se sentir coupable ;
- Refaire du sport ou une autre activité.

4.4.1 Etapes préliminaires

La première étape de rencontre préalable coach / coaché, permet à ce dernier de présenter, sa « problématique » ou ses enjeux ainsi que les besoins afférents au changement.

Les deux objectifs que se donne le coach dans le cadre de cette première rencontre sont les suivants :

- Réexpliquer la démarche de coaching et vérifier que le client exprime bien un besoin de coaching et non pasun autre type de prestation (de l'ordre du conseil ou de la psychothérapie, etc.).

- Le processus de clarification de la demande doit comprendre les questions suivantes :

    - Age, qui a recommandé au client un coaching ?
    - Type d'addiction ? Durée de l'addiction ?
    - Est-ce qu'une thérapie a été suivie ? Terminée ?
    - Y a-t-il un jugement en cours ?
    - Quel est le but ou les objectifs du client pour le temps consacré au coaching ?
    - Y a-t-il eu un faux-pas ,une rechute entre la fin de la thérapie et la prise de contact avec un coach ?

- Recueillir et travailler la demande de changement :

    - La comprendre,
    - Identifier les implicites,
    - Clarifier les attentes
    - La rendre plus compatible avec le cadre du coaching,
    - L'opérationnaliser,
    - etc.

- Etablir les limites de la relation authentique et de l'exercice du coaching dès le début.
- Le coach ne doit pas accepter de travailler avec un client qu'il ne peut pas aider

- À l'issue de cet entretien, le coach, s'il lui semble possible d'aller plus loin étant donné la nature des échanges réalisés, demande à ce que le coaché potentiel veuille passer à l'étape suivante lors d'un prochain rendez-vous.

4.4.2 Proposition de méthodologie :

Le modèle transthéorique des changements de comportements de Prochaska et DiClementesera la méthodologie de base que le coach appliquera pour garantir le bon déroulement d'un coaching de prévention de la rechute.

Ce modèle , testé et éprouvé sur une population hétérogène (plus de 10.000personnes), permet de garantir l'atteinte des objectifs fixés. Ce modèle décrit une série de cinq étapes par lesquelles passe un individu qui veut abandonner un comportement délétère. Les chercheurs Prochaska et DiClemente font ressortir à l'aide de ce modèle que les individus qui réussissent à atteindre leurs objectifs sont ceux qui ont traversé les étapes du changement en précisant et en reformulant leur objectif de départ.

Il est donc essentiel pour un coach de comprendre et de travailler sur les étapes du modèle transthéorique.

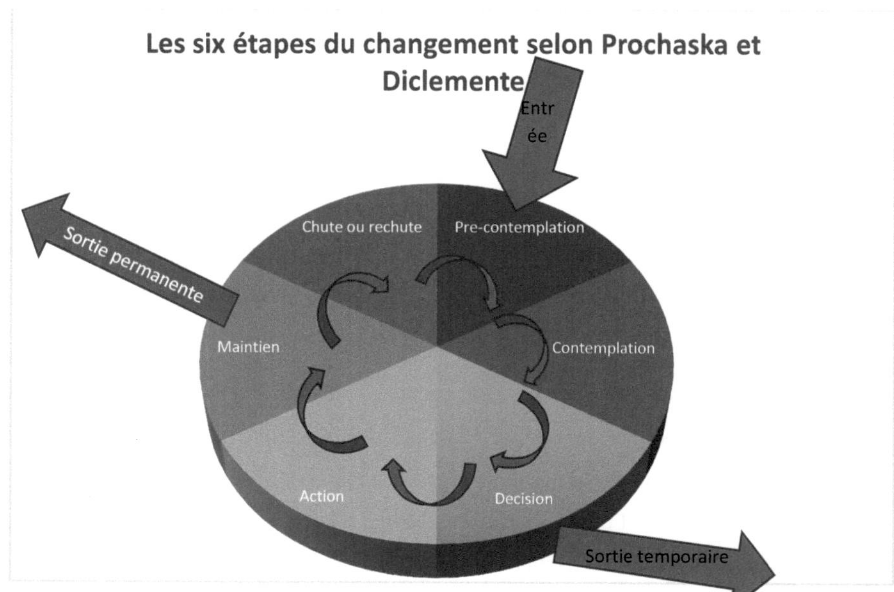

Source : représentation personnelle inspirée du modèle transthéorique selon Prochaska et Diclemente

4.4.3 Proposition de zone de travail du coach tout au long du processus de changement du client :

Le coach accompagnera le client afin que ce dernier apporte des changements et essaye de nouveaux comportements . La motivation du client est clé pour qu'il se maintienne dans l'abstinence.

Il va de soi que tous les clients ne voudront peut-être pas maintenir leur nouveau comportement ou essayer de nouvelles choses ou acquérir de nouvelles compétences tout de suite. Le coach évaluera à quelle étape du changement le client se situe .

Le coach n'hésitera pas à proposer au coaché d'évaluer régulièrement ;à l'aide d'échelles ; sa motivation, sa confiance dans la réussite du projet, l'amenant à choisir le bon moment pour changer ou arrêter son comportement . L'échelle de 1 à 10 est un outil simple qui pourra aider le client à prendre du recul et à fournir un indicateur à la fois objectif et subjectif par rapport à la question qui lui sera posée.

4.4.3.1Pré-contemplation

Le sujet n'a aucune pensée de changement de comportement car il ne pense pas avoir de difficultés ou de problèmesparticuliers.

Objectifs :

- Faire entrer le client dans le processus de changement

Stratégie du coach :

- Questionnement sur la stratégie du client de réduction des risques et sur ce qu'il souhaite à la place de ce qu'il vit :
  - Comment faites- vous pour réduire le risque d'infections pulmonaires ?

4.4.3.2.Contemplation

C'est l'étape ou nait l'ambivalence et la balance décisionnelle :

- Le client commence à peser le pour (bénéfices) et le contre de son comportement actuel versus un changement de comportement.

- Le client commence à envisager un changement de comportement

Objectifs :

- Aider le client à reconnaître et à soupeser les aspects négatifs du comportement afin qu'il soit motivé à se fixer un objectif de changement.

- Mettre en évidence les facteurs extrinsèques et intrinsèques de motivation au changement.

Stratégie du coach :

- Réaliser un entretien motivationnel visant à développer la motivation du client ; il sera nécessaire de faire un travail sur les valeurs et s'appuyer sur toute divergence de celles-ci avec le comportement du client.

- Relever autant que possible les divergences et les ambivalences car ceci est le moyen par lequel le client reconnaît de lui-même la nécessité de changer.

- Encourager les arguments du client qui sont en faveur du changement de comportement.

- Utiliser des outils comme la liste des avantages et des inconvénients, la balance décisionnelle ou encore les piliers de vie ou le coach fera travailler essentiellement sur les valeurs fondamentales du modèle d'Hudson, les besoins, les limites, lesparasitages, les croyances et les talents.

- Accompagner le client avec la méthodologie de Prochaska et Diclemente et à l'aide du modèle d'Hudson, c'est accompagner le client pour qu'il puisse évoluer dans un

  Environnement dont les codes changent rapidement. Les anciens principes qui régissaient nos comportements étaient les suivants :

  - L'amélioration linéaire : ceci était le principe que notre vie ne pouvait que s'améliorer de génération en génération si nous donnions le meilleur de nous-mêmeet en étant honnête et travailleur.

  - L'équilibre était le principe qu'en travaillant bien, nous arrivions à unétat de sécurité et de stabilité pour toute la vie.

- L'apprentissage ne se fait que quand on est jeune. Les adultes travaillent et n'ont pas de temps pour apprendre.

- Un autre principe était L'extérieur-intérieur. Le principe étant que notre vie personnelle et professionnelle étaient déterminées par les règles culturelles, sociales, religieuses de la société qui nous entoure . Si nous suivions ces règles,nous étions certains de réussir.

Aujourd'hui ,les nouvelles règles sont devenues les suivantes :

- Notre développement est cyclique et est découpé en chapitre. Notre vie n'est pas linéaire . Nous traversons des cycles de transition.

- Le changement continu est devenu la règle. Pour rester dans la course il faut apprendre à s'adapter.

- Le principe intérieur-extérieur : aujourd'hui, notre moteur est notre sécurité intérieure. Pour pouvoir garder le cap dans un monde en perpétuel changement, nous devons compter sur nos convictions, nos croyances et développer plus de confiance en soi.

- Enfin, l'apprentissage se fait et doit se faire à tout âge. Le principe est d'apprendre, à désapprendre et à apprendre de nouveau.

4.4.3.3.Préparation- Décision

A ce stade, le sujet est activement engagé dans le changement .Il détermine des décisions et veut s'engager à les planifier et à les mettre en place ,mais ilne sait pas encore tout à fait comment.

Objectifs :

- Renforcer l'engagement du client envers le changement
- Valoriser le potentiel du client à réussir
- Accompagner le client dans la mise en place de stratégies de changement qu'il pense pouvoir mettre en œuvre.

Stratégie du coach :

- Exprimer de l'empathie

- Le client étant responsable de son changement, le coach valorisera l'autonomie de son client. En effet, le client doit croire qu'il peut réellement changer.

- Travailler sur les résistances du client :aider le client à transformer ses croyances limitantes.

- Travailler sur les ressources internes et extérieures : identifier les croyances ressources. Aider le client à ouvrir lechamp de ses ressources extérieures potentielles (famille, aides sociales…)

4.4.3.4. Action

Le sujet est activement engagé dans le changement. Le changement peut être très difficile. Le client peut rencontrer de grandes difficultés à ce stade

Objectifs :

- Aider le client à mettre en œuvre des stratégies de changement
- Mettre en pratique les compétences du client (ex : recherche d'emploi…)
- Réduire les ambivalences dans la transition pensée vers l'action
- Soutenir et encourager le client pour qu'il reste motivé

Stratégie du coach :

- Il sera particulièrement important de continuer àfaire travailler leclient sur les stratégies d'amélioration de la motivation.

- Lever les résistances.

- Le coach encourage systématiquement l'auto-efficacité, l'autonomie de sonclient . En effet à ce stade ,il est très difficile pour le client de garder la même intensité de motivation. Repasser ainsi les points clés de l'entretien motivationnel :
    - Exprimer son désir
    - Pourquoi le faire ?
    - Comment le faire ?
    - L'importance de le réaliser
    - S'engager
    - Faire les premiers pas
    - Evaluer l'importance de changer et la confiance à le faire

- Refaire un point sur l'écologie interne et externe (le soutien de la famille ? des amis ? des collègues ?).

- Refaire un point sur les ressources (la famille peut-elle aider ?)

- Adapter les stratégies par petites étapes , saluez les petites victoires afin de renforcer le changement.

- Renforcer :
    - Le coach valorisera le coaché dans la réussite du changement de ses comportements. Le coach utilise ainsi la technique du feedback positif au client qui fait partie de sa posture de coach.
    - Le coach doit aider le client à s'auto-congratuler à chaque réussite

4.4.3.5.Maintien

A cette étape, le client est toujours engagé dans le changement mais il ressent encore des difficultés.

Objectifs :

- Continuer à encourager le passage à l'action du client de façon structurée.
- Discuter de la manière dont le client réagira face aux situations à risque élevé.
- Discuter d'avoir du temps pour s'amuser dans la vie : travailler sur quelle serait la vie équilibrée du client.

Stratégie du coach :

- Travailler sur la vie équilibrée du client qui doit se faire confiance et prendre du temps pour des activités de loisirs et de plaisirs. Le coach peut travailler avec le modèle des domaines de vie de Hudson afin de réaliser un bilan complet de la situation actuelle du client au travers de cinq questions fondamentales (quels sont les rôles qui épanouissent le client ? Arrive-t-il à endosser les différents rôles ? Est-il heureux, en harmonie avec ses valeurs de vie ?Comment organise-t-il ses domaines de vie ? Combien de temps consacre- t-il à chaque domaine de vie ?

- Il sera particulièrement important de continuer à travailler sur les stratégies d'amélioration de la motivation.

- Lever les résistances

- Le coach encourage systématiquement l'auto-efficacité, l'autonomie de son client . En effet à ce stade ,il est très difficile pour le client de garder la même intensité de motivation.

- Refaire un point sur l'écologie interne et externe (le soutien de la famille ? des amis ? des collègues ?).

- Refaire un point sur les ressources (la famille peut-elle aider ?).
- Adapter les stratégies par petites étapes , saluez les petites victoires afin de renforcer le changement.
- Aider le client à la mise en place d'un système d'alarme en cad de faux- pas ou de rechute (j'appelle cela , la gestion du cas de crise)

4.4.3.6.Chute ou Rechute

La chute fait partie du processus

Objectifs :

- Aider le client à réintégrer à nouveau le processus de changement

Stratégie du coach :

- Ne pas blâmer le client – Exprimer de l'empathie.
- Dédramatiser en soulignant que la rechute est possible et peut arriver à toute personne qui essaye de changer de comportement.
- Retravailler sur l'entretien motivationnel car il est particulièrement difficile d'être efficace et de rester motivé en cas de rechute.

4.4.3.6.1 Prévention et gestion des Faux-pas

Extrait de l'interview de Mme A :

Atelier 2 : Rechute, faux pas et modèle de prévention de la rechute

→Lors de cet atelier il était question de faire la distinction entre le « faux pas » et la « rechute »

Q15 : qu'est-ce qui différencie les deux ?

R15 : Le Faux Pas est soit :

→la re-consommation sans perte de contrôle

→soit la Faible re-consommation

→soit la Re-consommation puis reprise de l'abstinence

La rechute c'est la Reprise non-contrôlée du comportement ou bien lepassage à une autre addiction

Lors de cet atelier , les patients sont sensibilisés à la notion de « l'effet de violation de l'abstinence ».

Q16 : qu' est-ce que c'est exactement ?

R16 : C'est lorsqu'un patient en cours de traitement passe du faux pas à la rechute…ce processus prend un certain temps pendant lequel le patient se retrouve dans un inconfort psychologique puisqu'il prend conscience que son comportement est en contradiction avec son objectif fixé. On parle de Dissonance cognitive. Il apparait souvent des pensées automatiques. Soit le patient :

→minimise son comportement en se disant « J'ai bu un verre et je me sens bien. Je peux contrôler ma consommation. Allez, j'en bois encore un… »

→soit il maximise en se disant « J'ai bu un verre et c'est la catastrophe ! Je suis vraiment qu'un alcoolique ! Je n'ai qu'à continuer de boire… »

Le patient a alors des pensées négatives envers lui-même, il culpabilise, il a le sentiment d'avoir échoué.

Cet état favorise la répétition des consommations et augmente le risque d'abandonner l'objectif d'abstinence/diminution des consommations

Stratégie du coach :

Chaque client vivra probablement son faux-pas de façon différente. Le faux-pas, doit être dédramatisé . Ceci effectivement, pour dédramatiser la situation d'une part,et d'autre part pourcréer une « alerte » à considérer sérieusement afin de retenir le client dans le processus de changement de Prochaska et Diclemente. En effet ,il y a ici une forte probabilité que le client sorte du processus de changement s'il y'a trop de faux-pas.

- Le coach pourra utiliser l'outil de la ligne vie afin d'identifier les séquences habituelles. Ce même exercice permettra au client d'identifier les signaux avant-coureurs d'un faux-pas associés aux évènements à haut risque.

- Les signes avant-coureurs peuvent être :
    - La qualité de sommeil qui se dégrade
    - Idées sombres (penser à se faire du mal)
    - Plus grande méfiance, paranoïa
    - Difficultés de concentration
    - Changement d'humeur : irritabilité accrue, agitation, excès de colère, anxiété etc.
    - Isolement : retrait de la vie sociale

- Une fois les signes avant-coureurs et les situations à haut risque cartographiés, le coach aidera le client à mettre en place des actions, sortes de stratégies d'adaptation pour éviter la rechute. On peut citer par exemple :
    - Actions pour gérer le stress
    - Faire appel aux membres de sa famille ou aux amis pour qu'ils sachent être à l'écoute.

- Suite à la gestion d'un faux-pas ,le client sera d'autant plus fier de lui s'il continue le processus de changement dans lequel il s'est engagé.

- Le coach peut aider le client à gérer son stress en cas de c :

- En évaluant d'abord le niveau de stress grâce à l'échelle de stress
- En identifiant les situations à haut risque de stress et la capacité maximale d'absorption
- En développant des actions qui peuvent réduire le stress et d'éviter la crise comme des techniques de relaxation, appeler quelqu'un pour parler de la question, faire une promenade, écouter de la musique, etc.
- Le coach fera travailler le client sur la cartographie des zones d'influence et des actions conforts où il peut agir pour permettre de diminuer l'impact négatif des stresseurs .
- Le coach fera travailler le client sur ses ressources internes et extérieures

- Le coach ne devra pas hésiter à faire appel à la supervision s'il n'a plus d'outils pour aider le client à se sortir de son faux-pas.

- Le coach ne doit surtout pas se mettre dans l'idée de « sauver » le client de la chute. En effet, le coach peut se retrouver confronté au symptôme derelation transférentielle et contre transférentielle . Dans cet exemple de symptôme, le coach ne doit pas entrer dans le triangle dramatique de Karpman en voulant « sauver » à tout prix son client .

    - Lecoach identifiera les points faibles et les séquences habituelles et répondra avec Les positions transactionnelles (Parent/Enfant/adulte)

        - Le persécuteur sera remplacé par le Parent normatif
        - Le Sauveur sera remplacé par le Parent Donnant
        - La Victime sera remplacée par l'Enfant adapté ou libre

    - Le coach identifiera les avantages nuisibles : fuite et méconnaissance de la situation réelle, besoin de se sentir utile ou de plaire au risque de ne pas rendre le client autonome etc. Les sentiments inefficaces seront remplacés par des strokes positifs afin de motiver le client.

- Il y'aura ensuite un travail sur la clarification et la définition d'objectif(s) commun(s)
- Un Plan d'action sera à définir

- Dans le cas où le coach ne se sent plus compétent, et que la supervision n'a pas été facilitatrice, le coach se devra d'arrêter le coaching. Le coach devra inviter le client à explorer les interventions possibles qui pourraient calmer la situation comme :
    - Parler à un thérapeute : afin de sécuriser le client et lui permettre d'envisager de réintégrer le processus de changement.

4.4.3.7 Sortie permanente

- Cette étape marque la réussite du coaching et la fin des séances.

Objectif :

- Mettre un terme à la collaboration

Stratégie du coach :

- Rappeler les termes du contrat qui ont explicités la nature limitée dans le temps en fonction des objectifs fixés.

- Inclure la vision de fin d'accompagnement du client dans le processus d'entretien initial : « comment saurez-vous que vous aurez terminé ? ». Ceci doit être réévalué et les modifications nécessaires doivent être apportées au fur et à mesure du travail de coaching.

- Faire comprendre au client que la relation coach-client est une collaboration,sorte de véhicule de service pour aider le client à atteindre ses objectifs . Créer une relation de dépendance n'est pas le résultat du coaching.

- Féliciter les réalisations et réussite du client et l'encourager pour le futur.

4.4.3.8 Gestion du transfert et du contre transfert

Le coach devra particulièrement rester vigilant sur sa posture pendant tout le déroulement du coaching. Il s'agit d'un professionnel de l'accompagnement, qui maîtrise son art (les transactions et jeux relationnels , la relation empathique , le triangle de Karpman). Le coach est fortement invité à avoir recours à une supervision dans ce type d'accompagnement.

L'empathie est essentielle. Le coach doit essayer de comprendre les sentiments et les perspectives du client sans juger, critiquer ou blâmer. En aucun cas le coach n'essaiera de résoudre Le problème. Le client est le seul à pouvoir le faire.

Dans le cas de signaux de risque de transfert :

- Le coach ne devra jamais hésiter à recadrer le client en précisant que le coach n'est pas un thérapeute et ne peut pas se permettre de donner des conseils. Aussi, le coaching n'est pas assimilable à un groupe de parole avec un « pair ».

Dans le cas de signaux de risque de contre-transfert :

- Le coach doit obligatoirement faire appel à lasupervision
- Mettre fin au coaching si le coach n'arrive plus à rester neutre.
- Il est préférable pour de mettre fin au coaching plutôt que de nuire au client.

Dans tous les cas, le coach devra toujours ajuster sa posture afin que la relation avec le client reste authentique.

4.4.3.9 Travail en inter-séance

Les thérapies en unités d'addictologie sont souvent brèves et très exigeantes. Certains patients sont déçus et se découragent quand ils comprennent qu'il faudra respecter un certain nombre de contraintes (beaucoup d'exercices en séances et en inter-séances) . Je recommanderai donc de ne pas reproduire lemême schémaet d'inviter le client à réaliser des tâches en inter-séances que

lorsque nécessaire. Le coach n'est pas obligé de donner au client des tâches en inter-séances . De même, De même le client a le droit et la permission de ne pasles faire

4.4.3.9.1 La période inter-séance

Les tâches inter-séances permettent au client de continuer à réfléchir de façon plus approfondie sur ses ressources, ses valeurs, sur ses nouveaux comportements , ou à résoudre un problème entre deux séances.

Les « tâches inter-séances » seront toujours en lien avec les thèmes abordés lors de chaque séance.

- Par exemple, le coach peut proposer un travail sur les pensées automatiques

Tableau/questionnaire de description d'une situation potentiellement associée à une pensée automatique :

Situation	Emotion	Pensées automatiques	Pensées alternatives
Décrire l'évènement précis produisant l'émotion	Préciser l'émotion ; colère, peur,tristesse, angoisse. etc. Evaluer l'intensité de	Ecrire les pensées automatiques qui précèdent, accompagnent ou suivent l'émotion	Ecrire les pensées opposées aux pensées automatiques, ce qu'elles ont de plus

pénible	l'émotion sur une échelle de 1 à 10	Evaluer le degré de croyance dans ces pensées automatiques (en pourcentage)	rationnel,leurs avantages Evaluer le degré de croyance dans ces pensées (en pourcentage) Réévaluer l'échelle émotionnelle et identifier un plan d'action

Source : inspiré du Manuel de coaching cognitif et comportemental (Pichat Michael)

Une tâche en inter-séance peut favoriser l'introspection du client. En effet,ilpeut arriver qu'en séance le client reste trop en surface . Avec ce travail, le client sera peut être mieux disposé à se répondre.

4.4.3.9.2 Le débriefing de la période inter-séance

Lors de la reprise de contact, le coach devra consacrer la première demi-heure à :

Rétablir le rapport avec le coaché	-Rappeler ce qui a été travaillé -Rappeler ce qui a été convenu de faire -Vérifier ce que le coaché a retenu de cette dernière rencontre
Echange sur la période inter-séance	-Demander au coaché ce qu'il a fait (activités sociales,sportives…)
	-Quels ont été les évènements majeurs de la période?
	-Quelles ont été ses prises de conscience ?
	-Qu'a t'il appris sur sa façon de réagir ?
	-Comment a-t-il travaillé sur son objectif ?
	-Quels ont été ses succès, ses échecs et comment a-t-il réagi ?
	-Comment a-t-il travaillé sur ses

	croyances ?
Debriefing des tâches prescrites en inter-séance	-Rappel de ce qui a été demandé -Qu'est-ce qu'il a effectivement fait ?
	-Qu'est ce qui a fonctionné ?
	-Qu'est-ce qui n'a pas fonctionné et pourquoi ?

Source : inspiré du Manuel de coaching cognitif et comportemental (Pichat Michael)

Ces diverses questions auront potentiellement pourrôle de :

- Consolider les acquiset créer une précédence.
- Se les remémorer afin de pouvoir s'appuyer sur eux à chaque fois que nécessaire et approfondir leur travail si nécessaire.
- Utiliser ces acquis afin de permettre de nouveaux apprentissages.

Ce moment de débriefing peut aussi être l'occasion de faire un point sur le déroulement de la séance précédente pour s'assurer que le coaché est à l'aise avec le processus de coaching et pour voir s'il a des questions ou des remarques .

5. Le coaching comme moyen de Prévention des conduites addictives

Le principe de base est de comprendre que les addictions s'installent le plus souvent suite à un choc émotionnel ou à l'adolescence. Si on s'intéresse à de la prévention, il faut considérer que l'adolescence est une période de construction identitaire et de transition. L'adolescent va essayer de trouver sa place . Pour cela, il va tester ses limites et celles de son environnement au risque de basculer à tout moment dans une spirale infernale. On peut citer quelques difficultés que peut rencontrer un adolescent :

- Trop grand intérêt pour l'aspect physique entrainant des troubles alimentaires
- Alcool et prise de risque sur la route
- Drogue
- Vie virtuelle (jeux vidéo, internet, réseaux sociaux…)

5.1 Repérage précoce

Le coaching en prévention de l'installation de la conduite addictive ne pourra avoir lieu que dans le cas d'une consommation déclarée. On parlera de repérage précoce. Le coach procèdera à un questionnement du client afin d'évaluer le risque encouru par celui-ci .

Ici, on pourra réaliser un très bon coaching avec les fondamentaux du coaching , soit par exemple :

- L'art du questionnement (questionnement ouvert visant à faire trouver par le client les leviers pour atteindre ses objectifs).

- L'écoute active et la reformulation.

- L'alliance et le soutien inconditionnel du coaché
- Etc

5.2 Protocole possible des premières rencontres avec le coaché

Les premières rencontres coach / client vont être, de toute importance. Celles-ci sont essentiellement constituées de l'entretien préalable avec le coaché, et de la première séance de coaching à proprement parler.

Ces premières interactions sont l'occasion pour le coach d'aborder les points, qui sont déterminants quant à la possibilité de réussite de l'accompagnement :

5.2.1 Collecte des informations sur le coaché.

La prised'informations personnelles sur le coaché comprend le plus souvent les points suivants:

- âge
- Situation personnelle (situation familiale)
- Niveau d'étude
- Formations suivies
- Secteur d'activité (poste , attributions, ancienneté)
- Charge de travail
- Liste à compléter en fonction du type de demande

5.2.2 Instauration d'une alliance de travail et d'une relation de confiance.

Il s'agit ici pour le coach de tenter d'instaurer une authentique alliance de travail et de favoriser une relation de confiance avec le coaché. Pour cela , le coach devra :

- Rassurer le coaché sur sa capacité à mobiliser les ressources nécessaires afin de minimiser, voir faire disparaître ses « difficultés », qui sont l'objet de l'accompagnement ;

- Montrer de l'empathie et de la compréhension ;

- Demander au coaché quelles sont ses attentes vis-à-vis du coaching, notamment concernant la façon de procéder du coach et les effets de cet accompagnement ;

- Adapter son style relationnel en fonction des réactions du coaché ;

- Demander au coaché s'il souhaite changer ;de la même façon s'il pense qu'il peut le faire ;

- Identifier les éventuelles zones d'ombre, les freins/ peurs / du coaché quant au processus de coaching.

En ce qui concerne le développement d'une relation de confiance, il est pertinent pour le coach :

- De signifier, régulièrement, la posture qui est la sienne vis-à-vis du coaché par :
  - Une absence de jugement,
  - Une acceptation inconditionnelle,
  - Une ouverture,
  - Une écoute,
  - Un accompagnement ;

- De demander, du feed-back au coaché sur la façon dont le coaching est mené, pour s'assurer entre autres de la bonne compréhension qu'il en a.

- De vérifier l'absence de pensées automatiques nuisibles. En effet, d'une façon générale, le coach peut vérifier (par questionnement) si le coaché ne présente pas des

  pensées automatiques de nature à empêcher l'alliance et la confiance nécessaires ; et le cas échéant de les travailler / déstabiliser. Quelques exemples :

- « Le coach ne va pas me comprendre. »
- « Il va me juger. »
- « Il ne va pas m'écouter. »
- « Il ne va pas m'aider. »
- « Il va m'enfoncer. »
- « Il va me contrôler. »
- « S'intéresse-t-il vraiment à moi ? »
- « Je ne vais pas être capable de faire ce qu'il demande. »
- « Je vais échouer. »

5.2.3 Explorer l'écologie du problème :

Il est important pour le coach de mesurer l'ampleur du problème ou des enjeux associés à la demande de coaching. Cela, afin de de ne pas orienter son activité de coaching vers une piste de travail inefficace.

Les points à aborder à cet effet peuvent être les suivants :

- De qui provient la demande ?

- Quel est le problème /comportement gênant exactement ? En quoi est-ce un problème ?

- Pour qui est-ce un problème? (le coaché lui-même ? sa famille ? Ses amis ? Ses collègues au travail?)

- Dans quelles conditions le problème /Comportement gênant se manifeste-t-il ? Depuis quand ? A quelle fréquence ?

- Quelles sont les conséquences du « problème » ? Quels enjeux lui sont associés (pour le coaché ou autre) ?

- La situation peut-elle changer ? La demande est-elle viable ?

- Sur quoi est-il possible ou non d'agir ?

- Quels sont les leviers (changements, personnes) qui pourraient contribuer au traitement du « problème » et sur lesquels il serait possible de s'appuyer (facteurs de changement) ?

- Le « problème » a-t-il fait l'objet d'une tentative antérieure de résolution ?

5.2.4 L'analyse de la demande

L'analyse de la demande est fondamentale, elle visera à vérifier l'existence d'une réelle demande de coaching chez le coaché,

En effet, sans vérifier une réelle demande d'accompagnement chez le coaché, le travail de coaching n'est pas possible.

Il existe plusieurs types de demandes :

- L'absence de demande : l'individu ne désire pas vraiment bénéficier d'un accompagnement . Ce cas est un risque potentiel inhérent aux situations de coaching prescrit :

  →*Ce type de demande pourrait être prescrit par un parent pour coacher un adolescent qui ne se concentre pas sur la préparation de ses examens car il est trop souvent devant un écran d'ordinateur . Ceci pour éviter au final une addiction aux jeux vidéo.*

  → *Cette demande pourrait aussi émaner d'un conjoint/conjointe qui souhaiterait que son ami soit moins « accro » au travail ou à la fête, ou à l'alcool…*

- La demande « autre » : l'individu, face à des difficultés, des projets ou des enjeux donnés, désire réellement bénéficier d'un accompagnement, d'une relation d'aide, mais pas d'un coaching. Il s'agit alors d'une demande de prestations « connexes » : psychothérapie (brève ou longue), bilan de compétences, conseil, tutorat, etc. Soit cette demande évolue vers une demande de coaching, soit le coach, après avoir expliqué ce qu'est le coaching, oriente le demandeur vers le type de praticien qui correspond à sa demande.

→ *Cette demande pourrait être celle d'un individu qui souhaite fonder une famille mais est trop « accro » au libertinage.Ici le coach , par son questionnement doit comprendre si l'individu n'est encore au stade d'abus qui l'empêcherai de se concentrer sur son réel objectif de vie . Si en effet l'individu donne les signaux d'une réelle souffrance car ce comportement prend trop de place trop souvent dans sa vie, le coach aurait tout intérêt à proposer de suivre une psychothérapie au préalable. Si toutefois le coaché reste lucide et sais se maîtriser mais souhaite construire une vie stable en se débarrassant d'un passe-temps qui pourrait être gênant, parce qu'il aime plaire par exemple , le coaching pourrait continuer.*

- La demande ambivalente : le coaché déclare désirer bénéficier d'un coaching; ce qui implique un travail sur sa personne. Mais,paradoxalement, il n'est pas prêt au changement. Cette demande serait du type: « aidez-moi à changer mais je ne veux rien changer en moi ». Cette situation est typique d'une résistance au changement . Dans la pratique le coaché ne fera qu'avancer puis reculer face aux propositions successives de pistes de travail du coach ; par exemple, chaque fois qu'une direction de coaching sera explorée, le coaché commenceraà travailler puis déclarera au bout d'un moment qu'en fait, sa demande ou son besoin est différent.

→*Par exemple : cette demande pourrait être celle d'un individu qui souhaiterait profiter d'une soirée sans être ivre .Finalement, il se dit que malgré son état d'ivresse il reste lucide , paradoxe qui lui laisse penser qu'en fait il maîtrise son comportement et que ce n'est donc pas problématique...*

➢ La demande diffuse: l'individu souhaite être accompagné mais paradoxalement, sa demande reste floue ; cela, en dépit des efforts successifs du travail de précision du coach. Dans ce type de demande il est très difficile de mettre en place un plan d'action pour essayer de faire évoluer le comportement. Il s'agit d'une forme défensive face au changement .

→*Par exemple : cette demande pourrait être celle d'un individu qui dit « j'ai mal partout » /ou « j'aime tout, j'ai tout le temps du mal à me décider* et au *quotidien j'achète tout ,tout le temps pour être sûre de ne pas regretter mon choix.*

➢ La demande effective de coaching : Cette demande est la seule qui soit compatible avec l'initiation d'un travail de coaching. En effet, dans ce type de demande l'individu veut bénéficier d'un accompagnement,et veut que cet accompagnement soit un coaching (prestation dont il a compris la démarche). Cette demande émerge spontanément ou non : l'individu peut, durant un premier entretien, y venir progressivement, après explication par le coach et réflexion de sa part ; autrement dit, la demande initiale peut appartenir aux catégories précédentes que nous venons d'expliciter puis évoluer vers une demande effective.

→*Ici on a par exemple un comportement déclaré, clair qui nous laisse croire qu'une conduite addictive est en train de s'installer – Par exemple : cette demande pourrait être celle d'un individu qui souhaiterait décrocher des écrans et d'internet pour passer plus de temps avec ses enfants et jouer avec eux.*

Stratégie du coach :

- Le coach pourra réaliser un SCORE (Situation/Causes/Objectif/Ressources/Effets) avec le client pour permettre de définir un objectif et permettre au client d'avoir une idée extrêmement précise de la situation.

5.2.5 Explorer la subjectivité / objectivité du problème /comportement gênant

Le coach doit questionner la « densité de réalité » du « problème ». En effet, une partiedu « problème » ducoaché est régulièrement due au fait que ce dernier s'est enfermé ou s'est laissé enfermer dans une vision « problématique » de la situation à laquelle il est confronté ;

Souvent la mise en changement de cette vision problématique fera évoluer, en partie, le « problème ».

À travers des questionnements, des explications, des argumentations et des contre-argumentations, le binôme se met progressivement d'accord sur une définition partagée de ce qu'est le « problème » existant, qui sera l'objet du coaching . Ce travail permettra que :

- Le « problème » ne soit pas « renforcé» : le coach ne doit pas laisserle problème être défini comme une situation d'une telle densité, d'une telle gravité ou d'une telle « profondeur » qu'il est sans solution, sans issue. Pour ce faire, le coach peut accentuer ironiquement les paroles du client :

→ *Par exemple dans le cadre d'un comportement laissant présager une addiction à la charge de travail : « Vous dites que vous travaillez tout le temps mais pourtant quand vous dormez vous ne travaillez pas ? Et quand vous vous douchez ?*

- Le « problème » doit être montré « poreux » à certains endroits : le coach doit aider à soulever les ambivalences de façon à ce que le coachéréalise de lui-même que certains aspects du problème, tel qu'il est initialement présenté, est peut-être, pour partie au moins, le fruit de la représenta basésur ses croyances et modes de raisonnements potentiellement non adaptés. Commencer à donner à voir le « problème » comme étant en partie « poreux » consiste ainsi à faire comprendre au coaché qu'il est partiellement fonction de ses croyances et de ses distorsions. Ici on aura bien un objet du travail de coaching. L'interrogation de la densité de réalité du « problème » est donc l'exploration de ses aspects respectivement objectifs (factuels) et subjectifs (représentations).

Les points à aborder à cet effet peuvent être les suivants :

- Quels sont les faits ?
- Par quoi se traduit concrètement le « problème » ?
- Quels sont les éléments tangibles qui révèlent / matérialisent le « problème » ?
- À quoi voit-on réellement le « problème » ?
- Quels sont les enjeux et les impacts internes du « problème » pour le coaché ?
- En quoi est-ce un problème pour lui ?
- Quels sont les valeurs, les rapports à son environnement, les explications (liens de causalité), les rationalisations,les aspirations, les croyances, les interprétations, les systèmes de pensée du coaché auxquels vient se heurter le « problème » ?

- Quelles sont les (fausses) évidences, les a priori, qui sont éventuellement projetés par le coaché sur la situation ?

Stratégie du coach :

L'état souhaité ayant été formulé, il appartient au coach d'en faire vérifier par le coaché sa viabilité :

- Est-il atteignable (entre autres, étant donné le contexte du coaché) ?
- Est-il en phase avec ses valeurs et aspirations ?

Suite à ces questions, la demande retenue est alors a priorifixée et peut être formulée par le coach (qui en demandera la validation explicite) pour passer de l'état actuel à l'état souhaité. À titre d'illustration, suivent une série d'exemples de demandes retenues (également nommées les « finalités du coaching »). Cette demande retenue constitue la première étape de l'opérationnalisation de la demande fait suite à l'analyse de la demande. Elle consistera à décomposer la demande retenue en objectif et à déterminer les indicateurs d'atteinte de ces objectifs.

5.2.6 Compréhension par le coaché de la démarche de coaching

Il importe pour le coach de bien s'assurer que la démarche de coaching est bien comprise et acceptée par le coaché. Les principaux points à soulever sont :

- Le but est d'atteindre des objectifs tangibles.

- Le coaching se traduit alors par la mise en place d'un plan d'action permettant d'atteindre ces objectifs.

- Le coaching implique un travail sur ses croyances et les pensées limitantes, lorsque celles-ci se révèlent être des obstacles à la mise en œuvre du plan d'action défini et donc de l'atteinte de l'objectif.

- Le coaching nécessitera une authentique collaboration entre le coach et le coaché. Le coach est l' « expert du processus » (il maîtrise une série de méthodologies et techniques éprouvées, et va en faire bénéficier le coaché). Le coachéest quant à lui, l' « expert du contenu » : c'est lui qui sait mieux que le coach ce qui est pertinent ou pas pour lui, adapté ou non, étant donné sa problématique, ses enjeux et son environnement (autrement dit, à chaque instant, c'est le coaché qui décide de ce qui va être fait et de la réponse qu'il convient d'apporter).

Le coaching est voué à l'échec sans la volonté, le travail, et l'investissement significatif du coaché. Il convient dès lors de s'assurer de la bonne compréhension par le coaché de l'implication nécessaire ; cela, en abordant avec lui les éléments suivants : Comprend-il :

- Qu'il doit être actif ?
- Qu'il est responsable et acteur principal de son changement ?
- Qu'il devra fournir des efforts ?
- Qu'il devra s'investir durant les séances et que les solutions viennent de lui ?

Il est important que le coaché ne s'enferme pas dans une démarche purement intellectuelle et superficielle. Autrement dit, il convient que le coaché comprenne que le coaching se réfèrera à ses croyances limitantes à lui, à ses modes de fonctionnement contre-productifs à lui, à ses façons personnelles et biaisées d'analyser les situations et de prendre des décisions, à la distorsion de ses perceptions, à son comportement. Il est nécessaire que cette approche « parle » au coaché, qu'il s'y reconnaisse. De même, Le coaché doit comprendre qu'il bénéficiera à son tour des méthodes et techniques qui ont largement fait leurs preuves dans l'aide apportée aux personnes accompagnées.

Le coach sera tout particulièrement sensible au maintien de l'attention du coaché vers la finalité d'atteindre des objectifs tangibles et la mise en place d'actions effectives; cela, notamment en se posant les questions suivantes au fil de son activité :

- Est-ce que je cadre bien l'orientation et le travail vers les objectifs ?

- Suis-je clair et assez structurant vis-à-vis des objectifs donnés à travailler ?

- Suis-je capable de me permettre de dire à mon c que « ça ne va pas » et qu'il n'est pas assez impliqué dans la tentative d'atteinte d'objectifs ?

- Les objectifs sur lesquels nous travaillons sont-ils suffisamment bien formulés dans un registre comportemental ?

- Suis-je attentif aux difficultés de mon coaché dans l'atteinte de ces objectifs ? Est-ce que je prends, le cas échéant, un moment pour les travailler ?

Stratégie du coach :

Pour permettre à un client d'évoluer sereinement dans un environnement très changeant, le coach peut utiliser le modèle d'Hudson appliqué à la prévention des conduites addictives :

- L'objectif sera d'accompagner le client vers une meilleure gestion de sa vie et de s'engager de façon proactive vers les changements nécessaires et voulus.

- Le coach fera cheminer le client sur les trois plans de l'être humain :
  - Physique : le ressenti et l'expérimentation
  - Mental : la compréhension
  - Spirituel : le lâcher-prise

- Le coach peut faire travailler le client sur les valeurs : le protocole est :
  - De proposer une listenon exhaustive de valeurs au client ,et de lui demander de s'en inspirer pour identifier les 10 valeurs fondamentales pour lui.

- Une autre variante de ce travail sur les valeurs, peutêtre pour le coach de faire travailler le client sur les six valeurs fondamentales de la réussite d'Hudson : il demandera au client de choisir 3 valeurs parmi les six valeurs fondamentales de la réussite et de les classer par ordre d'importance pour lui.

- Le coach questionnera ensuite sur le sens des choses et des comportements qu'a le client aujourd'hui.

- Pour chacune des valeurs choisies par le client,le coach interrogera le modèle CVBLP (croyances/valeurs/besoins/plaisirs/limites/parasitages):

    - Qu'est-ce qui vous fait croire que vous voulez cette « … » (valeur) ?
    - En quoi est-ce important pour vous ?Que devez-vous faire pour nourrir cette valeur ?

    - De quoi avez-vous besoin pour nourrir cette valeur ?
    - Que faites-vous pour satisfaire un besoin ?
    - Quelles limites vous fixez-vous ?
    - Qu'est ce qui pourrait vous parasiter ?
    - Lorsque je me sens faible, fatigué, perdu, qu'est ce qui me redonne confiance en moi ?

- Le coach demandera au client quel est son but dans la vie.

5.2.7 Présentation des six valeurs fondamentales de la réussite (d'Hudson)

- Cette méthode se base sur le principe qu'une valeur est une conviction profonde qui donne un sens à notre vie à l'instant présent. Un individu donnera le meilleur de lui-même quand ses valeurs sont nourries et quand elles sont congruentes avec ses comportements. Une valeur non respectée ou touchée profondément est un risque pour l'équilibre d'un individu.

- Les six valeurs fondamentales d'Hudson sont les suivantes :

5.2.7.1Le pouvoir personnel

- Ici , il s'agit pour le coach d'aider le client à avoir confiance en lui, de s'aimer. Quand on parle de pouvoir personnel, on parle d'estime de soi, de la confiance pour pouvoir réaliser des projets. Il s'agit aussi de savoir quelles sont ses limites.

- Le coach pourra questionner le client sur les moyens qu'il pourrait mettre en œuvre ; il pourrait s'agir par exemple d'acquérir de nouvelles compétences, de développer son réseau personnel , prendre plus de temps pour profiter de la vie.

Stratégie du coach :

- En plus du modèle CVLBP ,le coach peut questionner sur :
  - Quels sont mes centres d'intérêts ?
  - Quelles sont mes forces ?
  - Quelles sont mes faiblesses, mes lacunes / ai-je un intérêt à les compenser, si oui ,comment ?
  - Quel est mon but dans la vie ?
  - Comment puis-je mesurer mes succès ?

5.2.7.2L'accomplissement

- Ici , il s'agit pour le coach d'aider le client à se prouver à lui -même qu'il peut réussir en agissant dans le sens de ses convictions. Le client est emmené à s'accomplir, à s'affirmer, à avoir de l'ambition et d'agir pour les réaliser.

- Le coach pourra aider le client à avoir des objectifs clairs. Le client devra rester focalisé sur ses objectifs et d'évaluer ses progrès régulièrement.

Stratégie du coach :

- En plus du modèle CVLBP, le coach peut poser les questions types suivantes :
  - Quel est le sens que je veux donner à ma vie?
  - Quels sont mes talents ?
  - Quels sont les bénéfices recherchés ?
  - Quand est ce que je saurai que j'ai atteint mes objectifs ?

- Pour la valeur accomplissement comme pour la valeur pouvoir personnel ,le coach peut proposer la trame de réflexion suivante pour que le client clarifie ses désirs d'évolution :

Dans quel environnement j'évolue aujourd'hui ?	
Mes comportements sont-ils en phase avec cet environnement ?	
Qu'est -ce que je fais de bien ?	
Qu'est ce qui est important dans cet environnement ?	
Qu'est-ce que je dois changer pour améliorer mon comportement ?	
Quel serait le comportement idéal pour moi qui me permettrait d'être en phase avec mes valeurs et mon environnement ?	

5.2.7.3L'intimité

- Ici , il s'agit pour le coach d'aider le client à entretenir des relations saines dans sa sphère familiale, professionnelle, amicale.

- Le but recherché étant que le client puisse avoir un ou des confidents ouverts d'esprit. A qui il peut parler librement, à cœur ouvert et sans crainte d'être jugé ou blâmé ou pire rejeté.

Stratégie du coach :

- En plus d'interroger le modèle CVLBP,le coach peut faire réfléchir le client à l'aide des questions suivantes :
  - Qu'est ce qui est le plus important pour moi?
  - Est-ce que je me donne de la valeur ?
  - Qui sont les personnes sur qui je peux réellement compter ?
  - Suis un bon ami ?
  - Comment puis entretenir mes relations familiales, amoureuses, professionnelles, amicales ?

5.2.7.4 Le jeu et la créativité

- Ici , il s'agit pour le coach d'aider le client à entretenir son imagination ,son originalité. Le client va développer son intuition, côté artistique, curieux , enfant.

- Le client va réapprendre à suivre son intuition ,à s'exprimer , à s'amuser.

Stratégie du coach :

- En plus d'interroger le modèle CVLBP, le coach peut accompagner le client en lui posant les questions suivantes :
    - Comment est-ce que j'aime m'amuser ?
    - Est-ce que je suis joueur ?si oui comment ? A quel moment ?
    - Quels sont les amis avec qui je suis naturel(le)
    - Est ce qu'il m'arrive de me laisser aller à mon imagination ?
- Si le client identifie le jeu et la créativité comme valeur fondamentale, le coach peut adapter une méthode plus ludique comme par exemple la méthode des six chapeaux de Bonno afin de permettre au client d'explorer de nouvelles solutions aux problèmes qu'il rencontrerait à satisfaire pleinement sa valeur et/ou d'atteindre son objectif de vie. Cette méthode peut très bien être individualisée, même si elle est très efficace pour la recherche de solutions en équipe (brainstorming).

    - Cette méthode inventée par Edward Bonno, psychologue maltais ,spécialiste en sciences cognitives est très utile pour résoudre des problèmes ou trouver des solutions et stratégies sur le plan personnel ou professionnel.

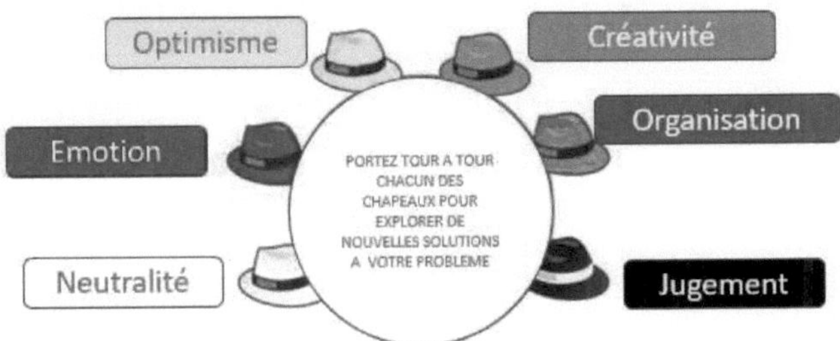

Représentation personnelle inspirée de la méthode des six chapeaux de Bonno

- Le schéma ci-dessus illustre les différents rôles que devra jouer le client pour que la méthode soit efficace . Un séquençage possible peut être le suivant :
    - Le problème est posé ,le client met le chapeau blanc afin de bien cerner le sujet (environnement, contexte ,comportements…). Tout est retranscrit sur un paperboard de façon objective.
    - Le client met le chapeau rouge pour répondre à la question « Dans cette situation que ressentez-vous ? ».Le client se livre , donne son avis sans être obligé de se justifier .

    - Le client met le chapeau noir pour essayer d'identifier les risques, les avantages et les inconvénients. Il reste prudent.
    - Le client met lechapeau jaune pour avoir une critique positive et optimiste. Le client ne doit voir que les avantages.
    - Une fois que le client a donné son avis , qu'il a listé les points négatifs, positifs, les risques, les avantages d'un changement, le client met ensuite le chapeau vert afin d'imaginer quelles seraient les autres solutions possibles, les autres approches ,comportements (mêmes les plus utopistes ou farfelus).
    - Le client met ensuite le chapeau bleu qui représente l'organisation. Il canalise ensuite les idées, et c'est la prise de décision (il peut être nécessaire de recommencer le jeu).

5.2.7.5La recherche de sens

- Ici , il s'agit pour le coach d'aider le client à se connecter avec son « moi intérieur » et à développer sa sagesse.

- Le client va réapprendre à suivre son intuition ,à chercher à se recentrer , à méditer, à échanger avec des personnes matures et emplis de sagesse.

Stratégie du coach :

- En plus d'interroger le modèle CVLBP, le coach peut accompagner le client dans cette introspection en lui posant les questions suivantes :
    - Comment puis-je être serein, en paix ?
    - Quelles sont mes convictions ? Mes croyances ?
    - Qui sont les personnes bienveillantes sur qui je peux compter ?
    - Le coach peut utiliser une méthode « Bottom line ». Cette méthode permettra une introversion . Il s'agira pour le coach de faire creuser le client un peu plus dans sa réflexion pour trouver la croyance originelle.

5.2.7.6 La compassion

- Ici , il s'agit pour le coach d'aider le client à s'améliorer, à se regénérer et à transmettre.

- Le client va faire du bénévolat, va chercher la paix à tous niveaux, va soutenir des associations et va penser à ce qu'il souhaite qu'on pense de lui après sa mort.

Stratégie du coach :

- En plus d'interroger le modèle CVLBP,le coach peut accompagner le client en lui posant les questions suivantes :
    - Comment puis- je aider les autres ?
    - Comment puis-je contribuer ?

- o Quel sera l'héritage que je laisserai ?
- o Le coach peut faire jouer le client en lui proposant de rédiger un testament afin que ce dernier puisse réfléchir à ce qu'il aimerait « laisser » ; « léguer » ; « partager ». Il pourra ainsi verbaliser ce qu'il aimerait laisser comme image de lui.

5.2.8 Les domaines de vie :comment avoir une vie équilibrée ?

Le coach proposera au client dans le cadre de la prévention des conduites addictives, ou même en prévention de la rechute un exercice sur les domaines de vie. L'objectif de cet exercice est que le client parvienne à trouver un réel équilibre dans sa vie. Cet exercice est très subjectif . Le principe de base à comprendre est que lorsqu'un individu vit un changement ou un bouleversement de ses domaines de vie, cela a une influence sur son comportement. Il est donc important de retrouver un équilibre rapidement afin de rester maître de ses comportements . Les domaines de vie proposés avec le modèle Hudson sont les suivantes , (le client peut en rajouter ou en supprimer) ;

- ➢ Le domaine personnel
- ➢ Le domaine du couple
- ➢ Le domaine de la famille
- ➢ Le domaine professionnel
- ➢ Le domaine social

L'exercice autour des domaines de vie peut être le suivant :

Le coach demandera au client de représenter le temps qu'il passe actuellement dans chacun des domaines. Le client devra identifier quel domaine satisfait le plus ses valeurs . Dans un deuxième temps, le client fera la répartition du temps telle qu'il la souhaiterait dans un futur proche.

Avec cet exercice, le client devra prendre conscience que changer de comportement et de vie implique une nouvelle organisation dans ses domaines de vie. Il réfléchira aux actions concrètes à mettre en œuvre et s'engagera à les faire. La représentation des domaines de vie peut se faire dans des cercles. Un premier pour la situation actuelle et un second pour la vie équilibrée souhaitée par le client.

6. Les limites du coaching

➢ Le coach doit gérer les ambiguïtés inhérentes au coaching. En effet, le coaching se rapproche de disciplines connexes telle que la psychothérapie. Parce que la limite entre ce qui peut relever du coaching et ce qui relève de la psychothérapie peut être est très fine dans le cadre de la prévention des conduites addictives, le coach doit s'assurer qu'il respecte bien l'éthique, la déontologie et les principes et règles du coaching. Le coach doit particulièrement rester vigilant à respecter la liste (non exhaustive) des principes clés cités ci-dessous :

  - Etablir et maintenir une relation professionnelle (empathique et bienveillante)
  - Ecoute et soutien mutuel

  - Confidentialité

  - Le coach doit faire preuve de prudence et doit aiguiller le client vers les professionnels appropriés dans le cas où l'objectif du client ne relève pas du coaching.

  - Le coach ne doit pas offrir, ou prétendre offrir ou présumer offrir de quelque façon que ce soit des services qui ne relèvent pas de ses compétences, à moins d'avoir reçu une formation, une licence ou une certification en ce sens.

  - Le coach doit éviter de poursuivre le coaching (maintenir dans la durée) à des fins personnelles au-delà de l'atteinte des objectifs fixés par le contrat de coaching et au-delà du moment où il est clair que le client ne profite pas de la relation.

- Dans le cadre de la prévention d'une conduite addictive, le coaching ne peut remplacer une thérapie si celle-ci s'avère nécessaire.

- Le coach ne doit pas imposer des sujets préétablis : en effet, là où le thérapeute peut se permettre d'établir un agenda à l'avance (programme thérapeutique.), le coach lui, établiraavec le client, l'objectif de travailau début de chaque séance.

- Le coach ne doit pas essayer de réparer le passé .En effet, coacher ce n'est pas réparer, c'est établir une relation d'accompagnement avec le client quiest à la recherche de plus de clarté, de confiance en lui, de savoir-faire utiles pour opérer des changements dans sa vie .De la même manière, un coach ne donne pas de conseils et n'apporte pas de réponse.

- Le coach a une obligation de moyens ; il ne peut garantir un résultat mais il se doit de faire du mieux possible. Le coaching étant une collaboration, la décision de changer appartient au client avant tout.

De nombreux axes de prévention des conduites addictives sont explorés dans les ANPAA,CSAPAA,unitésd'addictologie etc. Ces axes ; bien que menées par des professionnels formés et bien quebâtis sur des données validées scientifiquement ; ont néanmoins leurs limites.

Tout d'abord, quand on parle de prévention, on parle souvent d'éducation ,or , il ne faudrait pas limiter une prévention à la transmission d'un savoir ; en effet, il est prouvé que pour qu'un individu change de comportement ou pour qu'un individu soit moins susceptible d'adopter des comportements à risque, il lui faut certes comprendre pourquoi il s'engagerait dans un tel changement , mais il faut aussi, des actions plus concrètes. Le coach l'accompagnera dans le développement des aptitudes personnelles et sociales pour qu'il construise progressivement son changement et développe des aptitudes plus pérennes et qui s'inscrive dans le temps. Il travaillera la confiance en soi, la maîtrise de ses émotions, la prise de recul, l'analyse des bénéfices et des inconvénients, l'introspection, le partage etc.

Ensuite, les interventions de prévention de l'addiction ou de prévention de la rechute utilisent trop souvent la peur ou la menace comme levier ; en effet elle se sont trop souvent axées sur les risques et dommages. Ceci a pour limite de ne pas responsabiliser l'individu. Il est de plus en plus recommandé de prendre en compte les besoins , les valeurs et les points de vue de chaque individu. C'est ce que le coach peut proposer . C'est la meilleure façon de respecter avant tout l'individualité, les bénéfices de chaque comportement, les motivations, les croyances et les valeurs.Il s'agira de valoriser le plus possible les ressources et les efforts du client.

Enfin, les méthodes ne sont pas encore assezindividualisées. Il n'y a pas encore systématiquement un travail sur les bénéfices perçus du comportement addictifchez l'individu. Le coach , tiendra compte des avantages liés au comportement addictif du client et prendra en compte la notion de plaisir ainsi que les avantages perçus. Il accompagnera le client vers une vision plus objective de ces bénéfices et créera une ambivalence avec le but et le sens qu'il souhaite donner à sa vie ; ceci afin de le faire réfléchir de façon plus critique sur ses comportements actuels et ainsi de l'engager progressivement et volontairement dans un processus de changement en six étapes.

Annexe 1. Interview d'une infirmière travaillant en unité d'addictologie

Q1 : C'est quoi une addiction pour vous ?

R1 : Dans l'unité d'addictologie nous avons retenu cette définition de Goodman (1990) : « C'est l'impossibilité répétée de contrôler un comportement et la poursuite de celui-ci en dépit de la connaissance de ses conséquences négatives. »...

Le résumé de notre expérience en unité d'addictologie c'est :

Addiction = Trouble de la rechute

Q2 : Combien voyez-vous de patients dans une année ?

R2 : Nous avons une moyenne de 1206 patients par infirmière et par an. Dans notre centre, nous sommes 3 infirmières spécialisées en addictologie.

Q3 : Quel est environ le ratio entre les patients traités pour des addictions aux substances vs les patients traités pour des addictions comportementales

R3 : Le ratio était de l'ordre de 99% de patients pour les addictions aux substances et 1% de patients pour les addictions comportementales

Q4 : Pourquoi un tel écart ?

R4 : Il est encore fréquent pour les gens de penser que les addictions comportementales sont moins risquées pour la santé, que les addictions aux substances. Il est donc fréquent que les personnes ayants des addictions comportementales ne viennent pas consulter des médecins dans une unité d'addictologie.

Q5 : Quels types d'addictions avez-vous traités durant ces trois années ?

R5 : alcool, cannabis pour la majorité , environ 70 % des cas, puis cocaïne, sexe et jeu,

Q6 : Quel était l'âge moyen des patients globalement ?

R6 : Il y avait des adolescents et des patients adultes de toutes catégories socio-professionnelles – Il y a aussi bien des mères de familles, des cinquantenaires, des cadres , qui laissaient croire par leurs apparences qu'il n'y avait aucun problème, des jeunes ayant la vingtaine, des retraités…et j'en passe

Q7 : Pourquoi venaient - ils à l'unité d'addictologie ?

R7 : Pour plusieurs raisons :

→Suite à une décision de justice impliquant une obligation de soins (ex : alcool/cannabis au volant, enseignant en fonction en état d'ébriété…)- Ceux-là venaient donc dans le cadre du SPIP (Service Pénitentiaire d'Insertion et de Probation) .

→Ceux qui venaient d'eux même car leurs addictions leurs créaient des problèmes de santé, ou des problèmes dans leur couple

→Certains patients identifiés « à risque » suite à une hospitalisation

Dans les trois cas , personne n'est jamais venu avec la volonté de changer de comportement. Ils viennent parce qu'ils en sont contraints (exemple : parce que la décision de justice a demandé 9/10 séances en unité de soins…ou parce qu'il y'a menace de la part du conjoint d'enlever les enfants…)

Q8 : A quel stade de leurs addictions ces différents profils venaient vous voir ?

R8 :Quand il était généralement trop tard-En effet , personne n'est venu nous voir au début du comportement addictif. Ils viennent généralement quand le comportement addictif est déjà bien installé , souvent depuis des années, et lorsque leur santé ou sur leurs relations sociales sont déjà bien affectés.

Q9 :De quiest composée l'équipe de soins en unité d'addictologie ?

R9 : L'unité était composée :

D'un médecin référent : Pneumologue/Addictologue/Tabacologue

D'un médecin : Tabacologue, Acupuncteur

De trois infirmières : diplômées d'Addictologie

D'une Assistante sociale : diplômée d'Addictologie

D'une psychologue clinicienne : diplômée d'Addictologie

Parfois il y avait des interventions externes (art thérapeutes, membres de l'association « Vie Libre »)

Qu'est ce qui justifiait une telle équipe pluridisciplinaire ?

R : Il faut savoir que les patients avaient généralement un « terrain » psychologique favorable à l'addiction . Les conduites addictives ,sont souvent associées à des troubles psychiatriques. Sans le traitement de ces troubles psychiatriques, il y'aura toujours une rechute.

Q10 : Comment étaient suivis les patients ?

R10 : Il n'y avait pas de réelle communication entre les différents métiers. Les infirmières accueillent les patients et nous faisions passer des entretiens avec des questionnaires préliminaires afin de connaître un peu plus le patient et afin de déterminer son degré d'addiction.

Les entretiens avec le médecin généraliste ou l'assistante sociale ou la psychologuene se déroulaient qu'avec le patient. Nous n'avions pas de debriefing par patient. Nous échangions surtout en amont sur le type de questionnaires au moment de la prise en charge d'un nouveau patient et sur la préparation des groupes de paroles.

Le médecin prescrivait des médicaments adaptés au type d'addiction

La psychologue déroulait La méthode des Techniques Cognitivo Comportementales (TCC) en 8 étapes

Les infirmières étaient responsables d'un groupe de parole une fois la méthode TCC terminée

Q11 : que mettiez-vous en place comme prévention de la rechute suite à cette Thérapie Cognitivo-Comportementale ?

R11 : Nous avons mis en place des Groupes de parole ainsi que des exercices de « pleine conscience » que les patients devaient pratiquer de façon quotidienne . Chaque jour, hors du centre ils devaient notez leur pratique de pleine conscience, ainsi que les obstacles s'il y en avait, leurs observations ou leurs commentaires. Ils nous faisaient part de leurs exercices à nos ateliers hebdomadaires.

Q12 : C'est quoi la pleine conscience ?

R12 : La pleine conscience signifie « porter son attention de manière particulière, soit intentionnellement, au moment présent et sans porter de jugement. » d'après Kabat-Zinn (2011)

La pleine conscience c'est...

→Porter son attention de façon pleinement consciente (porter attention aux sensations, pensées, envies, et émotions impliquées)

→Avoir une attitude de curiosité et d'ouverture

→Avoir une attitude bienveillante, compatissante et non-jugeante envers sa propre expérience

Q13 : Dans quel but ?

R13 : cette méthode permet au patient

→De ralentir et observer où il se trouve et ce qui se passe dans son esprit

→De porter de l'attention à ce qui est en train de se passer sur le moment

Et ceci pour favoriser des choix plus adaptés.

Q14 : En quoi consistaient vos ateliers de prévention du risque de rechute ?

R14 : Il s'agissait de 9 ateliers d'une durée d'environ 2H. Il y'en avait un par semaine. Les groupes étaient composés de 10 personnes au maximum. Pendant ces ateliers, il était capital qu'il y ait une vraie collaboration entre patients et thérapeutes :

Atelier 1 : Addictions et Stades jusqu'au changement

→ Il s'agissait pour le patient d'indiquer où il se situait dans le comportement addictif en se basant sur le « modèle du changement » de Prochaska et DiClemente (1986)

→ Il s'agissait aussi d'appliquer la méthode de la balance décisionnelle de Jannis et Mann (1985) où le but était que le patient note les avantages et inconvénients à changer de comportement, ainsi que le poids qu'ils représentent pour lui sur une échelle allant de 1 « Peu important » à 10 « Très important ».

Atelier 2 : Rechute, faux pas et modèle de prévention de la rechute

→Lors de cet atelier il était question de faire la distinction entre le « faux pas » et la « rechute »

Q15 : qu'est-ce qui différencie les deux ?

R15 : Le Faux Pas est soit :

→la re-consommation sans perte de contrôle

→soit la Faible re(consommation

→soit la Re-consommation puis reprise de l'abstinence

La rechute c'est la Reprise non-contrôlée du comportement ou bien Passage à une autre addiction

Lors de cet atelier , les patients sont sensibilisés à la notion de « l'effet de violation de l'abstinence ».

Q16 : qu' est- ce que c'est exactement ?

R16 : C'est lorsqu'un patient en cours de traitement passe du faux pas à la rechute…ce processus prend un certain temps pendant lequel le patient se retrouve dans un inconfort psychologique, puisqu'il prend conscience que son comportement est en contradiction avec son objectif fixé. On parle de Dissonance cognitive. Il apparait souvent des pensées automatiques. Puis soit le patient :

→minimise son comportement en se disant « J'ai bu un verre et je me sens bien. Je peux contrôler ma consommation. Allez, j'en bois encore un… »

→soit il maximise en se disant « J'ai bu un verre et c'est la catastrophe ! Je suis vraiment qu'un alcoolique ! Je n'ai qu'à continuer de boire… »

Le patient a alors des pensées négatives envers lui-même, il culpabilise, il a le sentiment d'avoir échoué-

Cet état favorise la répétition des consommations et augmente le risque d'abandonner l'objectif d'abstinence/diminution des consommations

Cet atelier se base sur le modèle de Prévention de la Rechute de Marlatt (1987)

Atelier 3 : Situations à Haut Risque (SHR) et cercle vicieux

Lors de cet Atelier , on traite du cercle vicieux selon le modèle de Cungi (1996)

Ce modèle décrit le principe que les pensées automatiques et les émotions activées dans une situation donnée déclenchent un comportement particulier. La situation est alors appelée situation déclenchante. Des conséquences du comportement s'en suivent, en premier lieu à court terme et souvent positives, et en second lieu à long terme et plus négatives. Ce sont alors les conséquences du comportement qui vont favoriser une autre situation déclenchante et renforcer le cercle vicieux.

Aussi nous essayons de sensibiliser à la méditation qui peut faire ressortir des états intéressants que nous appelons des défis. Les défis sont de plusieurs types :

Cet atelier est adapté des méthodes de Bowen, Chawla, et Marlatt (2013). On explique aux patients que certains défis apparaissent souvent lorsque nous pratiquons la méditation. Ils ne sont ni mauvais ni faux ; ils font partie de la pratique de la méditation. Cela ne signifie pas que votre méditation « ne marche pas » ou qu'on la pratique de manière incorrecte. Ces défis sont délicats, car ils peuvent nous distraire et nous donner l'impression d'être en échec. L'idée est

donc d'apprendre à identifier ces défis car dans notre pratique, nous pouvons également apprendre à les repérer dans nos vies quotidiennes, ainsi que les patterns de réactions qui les suivent.

Atelier 4 : Les pensées

Ici on sensibilise à la pratique de la respiration S.O.B.E.R. (Stop/Observer/Baser/Elargir/Réfléchir avant d'agir) voir annexe 6

L'exercice de respiration SOBER est un exercice qu'on peut faire presque partout, à tout moment, parce qu'il est vraiment court et très simple. Il peut être utilisé au milieu d'une situation stressante ou à haut risque, si vous êtes fatigué(e) de quelque chose, ou lorsque vous avez une expérience de forte envie de consommer. Il peut aider à sortir du pilote automatique, à être moins réactif et plus conscient de votre réponse.

Atelier 5 : Les émotions

Nous sensibilisions à la définition des émotions

Pendant cet atelier, on définit ce qu'est une émotion, on cartographie les différents types d'émotions. On travaille sur le fait de ne pas se sentir coupable de ses émotions et de se responsabiliser par rapport à ses émotions en développant son intelligence émotionnelle.

Il s'agit de :

mieux sentir sans chercher à se sentir mieux

puis de nommer et décrire les évènements internes

d'accepter ses émotions en les observant avec bienveillance compassion (des émotions positives)

→Tout cela pour faire le choix de l'action sans être dans la réaction

Atelier 6 : Affirmation de soi : Différents comportements de communication

Être affirmé(e) + Développer la communication et les compétences relationnelles

« C'est un comportement qui permet à une personne d'agir au mieux dans son intérêt, de défendre son point de vue sans anxiété exagérée, d'exprimer avec sincérité et aisance ses sentiments et d'exercer ses droits sans dénier ceux des autres. » Alberti et Emmons (1974)

→ Respecter ses propres droits et désirs et ceux d'autrui Fanget (2011)

Tout cela pour :

Bien s'entendre avec soi-même

→Être content de soi car on a eu le courage de dire les choses.

→Se sentir plus calme, plus confiant

→Prendre une distance par rapport aux évènements

Mieux s'entendre avec les autres

→Les autres se sentent bien avec les personnes affirmées.

→Élargir son cercle relationnel □

→Enrichir ses rapports humains

Obtenir plus facilement ce qu'on souhaite : oser demander !

Atelier 7 : Affirmation de soi : Jeux de rôle

Atelier qui apprend à faire des demandes, à savoir dire non …

Atelier 8 : Décisions Apparemment Sans Conséquences (DASC)

→Il s'agit de décisions ordinaires au départ pas en lien avec la re-consommation

→Rechute « apparemment » sans cause ou Situation à Haut Risque (SHR) dont il est impossible de résister dédouanant l'individu de toute responsabilité

→SHR imprévisibles, hors de contrôle → Incitation à continuer de consommer

Ici il est question d'anticiper les conséquences et les risques de chaque choix possible. On demande aux patients de toujours faire la liste des choix possibles et de privilégier le choix à plus faible risque si possible.

On parle de style de vie équilibré c'est-à-dire comment instaurer un équilibre entre les devoirs et les activités de plaisir : « je dois » = « je veux » Pour permettre ceci, le patient doit, au quotidien, développer des activités gratifiantes et désirées ou reprendre des activités agréables abandonnées positives sur le plan physique, intellectuel, spirituel et social .

Atelier 9 : Plan d'urgence pour la gestion d'un faux-pas et activités de plaisir

Ici on fait un rappel des exercices de pleine conscience (y compris le SOBER)- et on rappelle la nécessité d'une vie équilibrée.

Suite à cela la plupart des patients arrêtaient de venir.

Q17 : Les patients repartaient ils guéris ?

R17 : Non…jamais…je n'ai jamais vu ça en 3 ans , d'où le côté frustrant de notre métier . En effet :

→ Pour ceux qui venaient suite à une décision de justice : dès que le nombre de séances avec le médecin/psychologue/groupe de parole était atteint , il ne faisaient plus l'effort de venir ;

→Pour ceux qui venaient d'eux- mêmes ,ils arrêtaient dès qu'ils avaient un semblant de mieux dans leur vie de couple ou au travail…mais ils rechutaient bien souvent

→Seuls allaient mieux ceux qui avaient suivi une thérapie suite à l'alerte d'un problème de santé très grave.

Généralement le taux de rechute est de 75 % chez les patients.

Q18 : Et que faisiez-vous pour ceux qui rechutaient et qui revenaient ?

R18 : On suivait le même protocole encore et encore

Q19 : Qu'en était-il des addictions comportementales ?

R19 : C'était différent, il s'agissait surtout des personnes qui venaient d'elle mêmes , celles-là ne guérissaient pas , elles « tentaient d'aller mieux » mais...en même temps , nous considérions à l'époque que ces patients- là étaient moins à risque que les patients addicts aux substances...et c'était un mauvais jugement car les addictions aux jeux et même au sexe pouvaient créer des risques suicidaires . Je me rappelle certains addicts aux jeux vidéo qui n'ouvraient plus les volets, ne se levaient pas ,même pas pour aller au toilette...ils pissaient dans des bouteilles d'eau pour ne pas avoir à quitter l'écran une minute...

Q20 : Et que faisaient les patients après leur thérapie ?

R20 : Rien , du moins d'après leurs retours , ils continuaient leur vie et attendaient la prochaine rechute. Ils ne croyaient franchement pas au changement de leur comportement sur du long terme.

Depuis cet entretien Audrey a passé le concours d'infirmière scolaire. Son profil et son expérience en unité d'addictologie est très apprécié. En effet , de plus en plus d'établissements sont intéressés par les infirmières ayant une formation complémentaire en addiction , ceci afin de détecter au plus tôt les addictions chez les plus jeunes (addiction aux écrans , jeux vidéo en ligne).

Annexe 2. Diagnostique de l'addiction d'après le DSM 5 et le CIM-10

Le diagnostic de l'addiction (ou dépendance) repose sur des critères bien définis, fixés par des instances internationales de santé mentale et répertoriés dans un manuel, le Diagnostic and Statisticalmanual of Mental disorders (DSM), dont la cinquième édition date de 2013.

Parmi ces critères, on trouve la **perte de contrôle de soi, l'interférence de la consommation sur les activités scolaires ou professionnelles**, ou encore la **poursuite de la consommation malgré la prise de conscience des troubles qu'elle engendre.**

Le monde médical pour établir un diagnostic a recours à deux grandes classifications :

- Le Manuel diagnostique et statistique des troubles mentaux (DSM 5) créée par l'American Psychiatric Association.

➢ Les 11 Critères diagnostics du DSM V de l'American Psychiatric Association

- Besoin impérieux et irrépressible de consommer la substance ou de jouer (craving)
- Perte de contrôle sur la quantité et le temps dédié à la prise de substance ou au jeu
- Beaucoup de temps consacré à la recherche de substances ou au jeu
- Augmentation de la tolérance au produit addictif
- Présence d'un syndrome de sevrage, c'est-à-dire de l'ensemble des symptômes provoqués par l'arrêt brutal de la consommation ou du jeu
- Incapacité de remplir des obligations importantes
- Usage même lorsqu'il y a un risque physique
- Problèmes personnels ou sociaux
- Désir ou efforts persistants pour diminuer les doses ou l'activité
- Activités réduites au profit de la consommation ou du jeu
- Poursuite de la consommation malgré les dégâts physiques ou psychologiques

Présence de 2 à 3 critères : addiction faible

Présence de 4 à 5 critères : addiction modérée

Présence de 6 critères ou plus : addiction sévère

- **La Classification statistique internationale des maladies et des problèmes de santé (CIM-10) créée par l'Organisation Mondiale de la Santé.**

La classification de l'OMS, DIM 10 fait apparaître les concepts d'usage nocif et de dépendance.

Les 6 critères de la dépendance de la Classification Statistique internationale des maladies de l'OMS (CIM 10)

Pour faire ce diagnostic, au moins 3 des manifestations suivantes doivent avoir été présentes en même temps, au cours de la dernière année :

1. Un désir puissant ou compulsif d'utiliser une substance psychoactive ;
2. difficultés à contrôler l'utilisation de la substance (début ou interruption de la consommation ou niveaux d'utilisation) ;
3. syndrome de sevrage physiologique quand le sujet diminue ou arrête la consommation d'une substance psychoactive, comme en témoignent la survenue d'un syndrome de sevrage caractéristique de la substance ou l'utilisation de la même substance (ou d'une substance apparentée) pour soulager ou éviter les symptômes de sevrage ;
4. mise en évidence d'une tolérance aux effets de la substance psychoactive : le sujet a besoin d'une quantité plus importante de la substance pour obtenir l'effet désiré ;

Source : https://www.drogues.gouv.fr/comprendre/l-essentiel-sur-les-addictions/qu-est-ce-qu-une-addiction

Annexe 3. Modèle trans-théorique des changements de comportements de Prochaska et DiClemente

Modèle transthéorique des changements de comportements de Prochaska et DiClemente adapté aux fumeurs :

Le modèle transthéorique développé par Prochaska et DiClemente1 est une théorie de changement comportemental basée sur les étapes. Il suppose que les fumeurs passent par une série d'étapes de motivation avant de s'occuper d'arrêter de fumer. Les étapes de changement décrites par Prochaska et DiClemente sont les suivantes :

- la pré-intention : le sujet fumeur n'a aucune pensée de sevrage tabagique
- intention : il pense à arrêter de fumer ;
- préparation : prise de décision : il planifie l'arrêt de fumer ;
- action : il est activement engagé dans le changement ;
- maintien / liberté : il a fait des changements, mais reconnaît qu'il doit demeurer vigilant en cas de rechute. D'après cette théorie très connue, les programmes qui aident les gens à arrêter de fumer devraient être adaptés à l'étape de préparation au sevrage où ils se trouvent. Ils sont conçus pour les faire progresser d'étape en étape vers la réussite. Pour accompagner une personne dans son désir de changement, il faut tenir compte du stade où elle se trouve (le cycle de Prochaska décrit ces étapes d'un changement de comportement). À chaque étape correspondent des modes d'intervention adaptés.

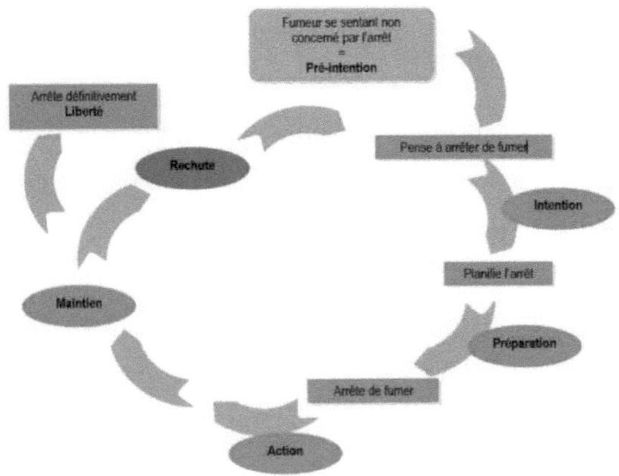

Source :https://www.has-sante.fr/portail/upload/docs/application/pdf/2014-11/outil_modele_prochaska_et_diclemente.pdf

Je n'ai pas eu de manuels traitant du coaching comme moyen de prévention des addictions. Aussi cela m'a permis de tenter de développer dans le cadre de mon mémoire, cette possible alliance.

Principales sources internet utilisées dans le cadre de ce mémoire :

Qu'est-ce qu'une addiction ? :

https://www.drogues.gouv.fr/comprendre/l-essentiel-sur-les-addictions/qu-est-ce-qu-une-addiction

IFAC : Les addictions comportementales :www.ifac-addictions.fr /les-addictions-comportementales.html

https://www.has-sante.fr/portail/upload/docs/application/pdf/2014-11/outil_modele_prochaska_et_diclemente.pdf

https://has-sante.fr : Outil d'aide au repérage précoce et intervention brève : alcool, cannabis, tabac chez l'adulte- 2014

www.decitre.fr : « Addictions : prévention de la rechute basée sur la pleine conscience »

www.aftcc.org : L'analyse fonctionnelle en TCC E GRANIER-aftcc

Thérapies Comportementales et thérapies Comportementales et Cognitives et Prévention de la Rechute- Docteur Charly Cungi : www. Ifforthecc.org

Principaux manuels utilisés dans le cadre de ce mémoire :

Les addictions comportementales – Le guide du clinicien – Sous la direction de Michael S.Asche et Petros Levounis- Edition Elsevier

Les addictions sans drogues : prévenir et traiter- Un défi sociétal- Coordonné par Jean-lucVenisse _Marie GrallBronnec- Editions Medecine et psychotherapie

Addictologie- Mini traité- Sous la direction de michelLejoyeux- Edition Elsevier

Tous addicts et après ?Changer de regard sur les dépendances -du Dr William Lowenstein et Dr Laurent Karila- Editions Flammarion

Pichat, Michael. Manuel de coaching cognitif et comportemental-InterEditions.Edition du Kindle 2014

Pichat, Michael. Manuel de coaching cognitif et comportemental (Développement personnel et accompagnement) (French Edition) . InterEditions. Édition du Kindle.

Cas de coahing commentés – Sylvianne Cannio et Vivianne Launer- editionseyrolles ,2008

Printed by Books on Demand GmbH, Norderstedt / Germany